내 인생의 주인공으로
산다는 것

청소년을 위한 영화 인문학

내 인생의 주인공으로 산다는 것

원은정 지음

COOPERATIVE
착한책가게

청소년, 그대들에게…

'대한민국 청소년은 행복할까?'

청소년을 만나면서 가장 행복했던 기억이 뭐냐고 누군가 묻는다면 선명하게 떠오르는 장면이 하나 있다. 8년쯤 전 청소년들과 함께 지리산 둘레길을 걸었을 때의 일이다. '전국 청소년'이 대상이긴 했지만, 한여름에 걷고 글을 쓴다는 프로그램 내용을 보고 흔쾌히 자진해서 신청한 경우는 거의 없었다. 부모가 강요 비슷한 추천을 해서이거나 교육복지사 선생님이 '가보면 재미있는 캠프'라고 꼬셔서(?) 오게 된 아이들 20명이 전부였다.

당일에도 제시간에 오지 않는 아이들을 마음 졸이며 기다려야 했다. 가는 차 안에서부터 착 가라앉은 분위기를 띄워보겠다고 온갖 호들갑을 떨면서 둘레길 입구에 도착했다. 날씨는 그야말로 여름의 절정을 한껏 보여주고 있었다. 하루에 한 코스씩 정해서 걷고, 걷다가 마을회관 등에서 르포 작가와 동화 작가를 초청하여 강의를 들었다. 저녁이면 글을 쓰고 레크리에이션을 하는 등 다채로운 시간을 보냈다. 이렇게 들으면 낭만 가득하게 들릴지 모르겠지만 첫날은 아이들 눈치를 보느라 긴장의 연속이었다.

너무도 덥고, 산길이라 매점 하나 없고, 예산이 적어 마을 민박집에서 뿔뿔이 흩어져서 자고, 모기에 물리는 등 아이들 입장에서 편한 구석이라곤 없는 캠프였다. 그런데 참 이상한 것이 우리는 엄청 친해졌다. 걸으면 걸을수록, 더우면 더울수록. 마을 입구 구멍가게에서 겨우 구한 아이스크림을 바닥에 털썩 앉아 먹고, 각종 벌레에 소리를 지르고, 민박집 할머니 이불 너는 걸 도와주는 등 에피소드가 늘어날수록 우리는 점점 더 친해졌다.

마지막 날, 둘레길을 걸어 내려오는 길이었다. 계곡에서 물놀이를 마치고 바비큐 파티를 하는데, 아이들이 고기를 굽고 있는 어른들에게 고기쌈을 싸서 계속 먹여주며 다녔다. 나는 고기쌈을 받아먹으면서 물었다.

"고기 어때? 맛있지?"

"저 아직 안 먹어봤는데요."

아이들이 다 이렇게 대답을 한다. 아이들 숫자만큼이나 인솔자들이 많았는데, 아이들은 자신들이 고기를 먹기 전에 인솔자들에게 먼저 먹여주기에 바빴던 것이다. 서로에게 고기쌈을 싸주고 반찬을 건네면서 며칠 동안 얼마나 힘들었는지 우리만 통하는 얘기를 나누던 장면을 잊을 수 없다.

며칠간의 공생으로 우리는 깊게 연결되어 있었다. 불평과 툴툴거림으로 가득했던 첫날의 모습은 이미 추억이 되었고, 그새 며칠 함께 지냈다고 헤어지면서 한참 울기까지 했다. 사람은 서로에게 연결되고 싶어 한다. 연결 속에서 자신을 발견하고 행복을 발견하고 사명을 찾는다. 사람과 사람의 연결, 글과 사람의 연결, 문화와 사람의 연결, 자연과 사람의 연결 그리고 자기 자신과의 연결이 어떤 힘을 발휘하는지 그때 난 선명하게 보았다. 연결된 사람들의 표정이 얼마나 특별하게 행복하고 특별하게 다정한지. 그 표정들은 사람에 대한 중요한 단서로 기록됐다.

영화 인문학으로 청소년들과 만날 때면 그때의 느낌이 다시금 살아난다. 아이들은 저마다 영화를 보며 떠오른 자기 생각을 털어놓고, 그 얘기를 듣는 모두는 자신의 발견과 연결된 감수성을 만난다. 아이들은 영화 속 인물에 대해 얘기하는 듯하지만 그 너머를 잘 보면 자신의 얘기를 하고 있다.

"그 인물이 거기서 옳은 선택을 해서 좋았어요."

"아까 주인공의 친구가 한 대사가 와닿았어요."

"주인공이 결국 자신의 꿈을 찾아서 기뻐요."

청소년이 행복했으면 좋겠다. 아니, 이런 막연한 소망 말고 청소년, 그대들이 자기 행복에 더 관심을 가졌으면 좋겠다. 강의와 캠프로 청소년을 만나고 청소년의 사회적 위치에 관한 연구와 책을 꾸준히 내놓는 이유는 오직 이것이다.

'대한민국 청소년은 행복해지고 있는가?'

이 질문을 미처 마치기도 전에 통계 숫자 속 아이들의 슬픈 표정이 눈앞에 펼쳐진다. OECD 아동청소년 행복지수나 청소년 자살률 통계를 매년 접하면서 강의 때마다 문제의 심각성을 강조한다. 그럼에도 대안이 마련되지 않고 별다른 동요조차 없는 이 사회에 이제는 조급함과 분노가 인다. 아프고 외롭게 웅크리고 있는 아이들을 향해 손을 뻗지 못하는 나를 비롯한 어른들에게 더는 그러지 말자고 소리치고 싶다.

나는 계속 이런 소리를 낼 것이다. 이 생애를 청소년과 함께하기로 오래전에 마음먹었다. 그러니 청소년, 그대들도 계속 함께 소리를 내주기 바란다. 자신을 더 세심하게 관찰하고, 자신에게 더 부드럽게 기회를 주기 바란다. 그래서 우리 사회에 퍼져 있는 '청소년은 어떠하다'라는 고정관념에 자신을 내맡기거나 미래를 위해 행복을 저당 잡히지 말고 지금 당장 행복하겠다고 선언하길 바란다.

청소년이 사회적 약자임이 분명하고 청소년 인권을 보장하자는 외침이 학교 선생님, 청소년지도사, 청소년 등에 의해 끊임없이 터져 나오는데도 왜 더 빠르게 나아지지 않을까 고민해본 적이 있다. 먼저, 청소년 시기는 머물러 있지 않고 지나가기 때문이다. 자라서 어른이 되면 청소년이 사회적 약자라는 사실에 더는 목매지 않아도 된다. 그건 다음 세대 청소년의 몫일 테니. 또 하나는 모든 사람이 청소년 시기를 보내지만 저마다 다른 모양으로 보내기 때문이다. 중요한 우선순위도 다르고, 주어진 환경도 다르고, 접하는 교육문화도 다르다. 청소년 시기를 한 사람으로서 존중받으며 보내기도 하고, 부당한 대접을 받으며 보내기도 하며, 말 못 할 정도로 힘든 경험을 하기도 하는 등 성장 환경이 천차만별이다. 망각 또한 무시할 수 없다. 청소년기를 지나 청년기가 되고, 청년기를 지나 장년기에 접어들어 청소년 자녀를 맞이하기까지 오랜 세월이 지난 뒤에는 자신이 청소년기에 겪은 부당함을 기억하지 못한다. 심지어는 언제나 더 심했다고 느껴지게 마련인 자신의 청소년 시기가 무기가 되기도 한다. '지금은 많이 좋아졌지'라는 생각에 사로잡혀 청소년 인권에 대한 사회 인식이 언제까지나 그 자리에 멈춰있다.

청소년이 지금 당장의 행복에, 지금 당장의 자신에게 더 몰입하기를 바란다.《영화가 나에게 하는 질문들》도 그런 의미에서 청소년들이 많이 읽어주길 바라는 마음으로 썼다. 그런데 오히려 어른들이 주로 읽고 강연에 초대했다. 그래서 청소년만을 위한 인문학 책이 필요하다는 생각을 내내 해왔다.

자신의 행복에 관심을 갖는 데 무엇보다 큰 도움을 주는 것이 인문학, 철학, 사회학이다. 그래서 이 책에 인문학, 철학, 사회학적 사유를 총 다섯 가지 주제에 나누어 담았다. 1장에는 어떻게 하면 자신이 자기 인생의 주인공으로 살아갈 수 있는가라는 질문을 자존감과 연결하여 담았고, 2장은 사람을 바라보는 관점, 즉 인권과 관련된 주제로 구성했다. 3장은 우리의 인간관계에서 가장 큰 영향을 주는 가족을 주제로 한 이야기이고, 4장은 살면서 놓치지 않았으면 하는 철학적 사유이다. 마지막 5장은 청소년 시기인 만큼 어떤 사람이 되어가고 어떻게 살아가면 좋을지를 진로와 연결하여 담았다. 꿈을 이뤄야 하고 그래야 성공한 것이라는 식의 일반적인 이야기는 피하고자 했다. 그리고 장과 장 사이에 들어간 글들은 영화 외에 여러분과 꼭 나누고 싶은 이야기를 적은 것이니 흥미롭게 읽어주면 좋겠다.

책을 쓰면서 청소년이 읽을 책이라고 해서 일부러 단어를 쉽게 쓰거나 풀어서 설명하려고 하지는 않았다는 점을 기억해주길 바란다. 어른 책과 청소년 책이 나뉘는 것 자체가 분리와 차별일 수 있기에, 청소년을 더 많이 떠올리며 썼을 뿐 청소년을 설정해 두고 난이도를 낮추지는 않았다.

이 시대에 청소년으로 살아간다는 것은 어떤 걸까? 특히 대한민국에서 청소년으로 살아가는 건 어떤 걸까? 현시대에 청소년은 독립된 집단이 아니라 가정, 부모, 학교, 사회의 보호와 통제에 귀속되어 있다. 그래서 사회 전체가 행복해야 청소년이 행복하다. 청소년에게 자신의 행복을 추구할 기회와 시간이 충분히 주어지지 않는다는 것이 안타깝다.

좋아하는 책을 많이 읽고, 영화도 많이 보고, 여행도 많이 다니고, 친구와 대화도 많이 나누고, 혼자만의 고요한 시간을 보내면서 자신의 행복에 대해 사유하길 바란다. 어른들이 강요하는 것을 무조건 받아들이거나 어른들의 실수를 그대로 답습하기보다는 어떤 것이 맞는 길이고 무엇이 우선인지 점검하고 저항하고 반발해가기를 바란다. 그 힘을 기르기 위해 인문학이 필요하다. 자신의 삶을 관찰하는 모든 순간이 인문학임을 기억하기 바란다.

2020년. 만 18세 선거권이 처음 시행된 올해에 이 책을 내고 싶었다. 아무리 외쳐도 미성숙하다는 이상한 논리로 그토록 내주지 않던 참정권을 드디어 청소년들 손에 쥐게 되었다. 여러분이 지닌 가치와 정의를 더 발현할 기회다. 나는 언제나 여기 곁에 서 있겠다. 늘 감탄을 자아내고, 즐거움과 강건함이 깃든 마음으로 나에게 새로운 영감을 주는 이 시대 청소년에게 감사의 포옹을 보낸다.

2020년을 기억하며…

차례

1장 인생의 주인공으로 산다는 것의 의미

2장 사람과 사람은 어떻게 연결되는가

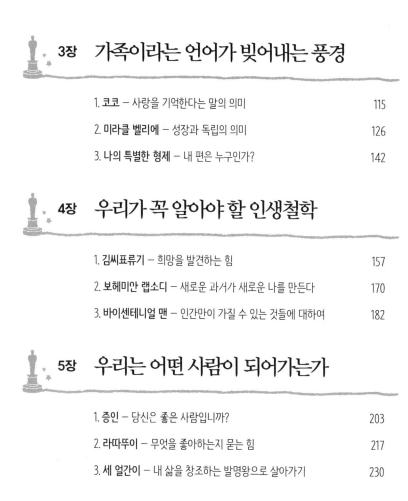

저주를 풀어줄 구원자는 누구인가?

우리가 가장 많이 접하는 애니메이션 영화들을 제작하고 배급하는 유명한 3대 회사가 있다. 강연에서 퀴즈를 내면 다들 이 세 회사를 답으로 내놓는다. 월트디즈니, 드림웍스, 픽사.(현재는 월트디즈니에서 픽사 애니메이션 스튜디오를 인수하여 같은 배급사이지만 저마다의 특성은 유지되고 있다.) 애니메이션계를 주도해온 월트디즈니 애니메이션의 특징은 주로 '공주'가 주인공으로 등장한다는 것이다. 어릴 적에 많이 접하는 그림동화나 동화책의 주인공 역시 공주인 경우가 많다. 이러한 전통적인 동화들은 주인공인 공주가 어느 순간 저주에 걸리게 되는 서사를 품고 있다. 공주와 저주 그리고 저주를 푸는 해법, 우리가 흔히 접해온 이 서사에서 인문학적 시각으로 다시 봐야 할 것이 있다.

동화와 애니메이션에 주인공으로 등장하는 공주는 어떤 특성이 있는가? 맞다. 예쁘고 착하다. 그냥 예쁘고 착한 정도가 아니다. 세상에서 가장 예쁘다는 걸 마법 거울이 인증해줄 정도로 예쁘고, 새가 날아와 팔에 앉을 정도로 착하다. 외적, 내적으로 완전무결한 공주는 어느 순간 누군가의 질투를 받는 등의 연유로 저주에 걸린다. 이 저주를 거는 사람은 누굴까? 그렇지, 바로 마녀. 여기에서 마녀는 '능력과 권력을 가진 타자'로 설정된다. 마법이라는 능력을 소유한 외부인이다. 그래도 다행인 것은, 무자비하게 저주만 거는 것이 아니라 그 저주를 풀 수 있는 해법도 함께 제시한다.

'저주를 푸는 해법' 하면 떠오르는 게 있는가? 키스. 그냥 키스 노노노, 바로 진실한 사랑의 키스! 이것만이 공주를 저주에서 구해낼 수 있다. 이 진실한 사랑의 키스로 공주를 구해낼 자 누구인가? 동화가 마무리되기 위해서 반드시 등장해야 하는 인물이 있다. 그는 우연히 길을 지나다 저주에 빠진(100년 동안 잠이 들었거나 독사과를 먹었거나 바다 마녀에 의해 목소리를 빼앗겼거나 등) 공주에게 첫눈에 반해 진실한 사랑을 느끼고 키스를 해서 공주를 저주에서 구출해낸다.

자, 그렇다면 여기에서 '주인공' 공주가 하는 일은 무엇인가? 앞에서부터 다시 살펴봐도 공주는 태어나면서부터 신분이 높고 착하고 예쁠 뿐 주도적으로 노력하는 적이 없다. 저주에 걸린 당사자인데도 저주를 풀기 위해 결연하게 무언가를 시도하거나 자신의 진실한 사랑을 찾아 험난한 모험을 떠나는 이야기는 없다. 그저 '기다릴' 뿐이다. 자신의 저주를 풀어줄 왕자(흔히 백마 탄 왕자라고 하지)를 말이다. 각도를 달리해 이 부분을 보면, 저주에 빠진 당사자가 해결에서 소외된 것을 발견할 수 있다. 공주는 당사자이면서도 무기력하고 누군가가 자신을 구원해주기만을 기다린다. 타고나기를 예쁘고 착해서 별다른 노력 없이 왕자의 사랑을 받아 저주를 풀거나 재투성이 소녀에서 왕비가 되는 신분 상승을 이룬다. 아무리 주인공이라 해도 너무한 것 아닌가?

진정한 사랑의 키스가 저주를 푼다고? 그럴 일은 없을 것 같은데.

앞서 이야기한 유명 애니메이션 3대 배급사를 기억하는가? 그중에서 이런 식의 이야기를 정면으로 비판한 회사가 있다. 빙고! 바로 드림웍스다. 드림웍스는 기존의 공주나 왕자 같은 기득권, 주류 인물을 주인공으로 설정하지 않는다. 주류에서 밀려난 비주류 혹은 소외된 변두리 인물을 주인공으로 설정하는 것으로 유명하다. 〈쿵푸팬더〉도 날렵함이 필요한 쿵푸 무술과는 거리가 멀어 보이는 동물인 팬더가 주인공이고, 〈슈렉〉에도 도심에서 떨어진 늪에서 혼자 사는 도깨비가 주인공으로 등장한다.

다음은 〈슈렉〉의 첫 장면이다. 슈렉의 얼굴이 등장하기 전에 화장실에서 동화책 읽는 목소리가 먼저 흘러나온다.

옛날 옛적에 한 '아름다운' 공주가 있었습니다.

그러나 그녀에게는 오직 사랑하는 사람의 첫 키스만이 깰 수 있는 저주가 걸려 있었습니다.

그녀는 불을 뿜는 무시무시한 용이 지키는 한 성에 갇혀 있었습니다. 수많은 '용감한' 기사들이 그녀를 구출하려 했지만, 성공하지 못했습니다. 그녀는 용이 지키는 그 성의 가장 높은 탑 꼭대기에 있는 방에서 그녀의 사랑과 그의 키스를 '기다렸습니다.'

슈렉: 히히히~ 그런 일은 절대 없을 것 같은데. 우웩

먼저, '공주'라는 단어 앞에 붙은 수식어를 살펴보자. '아름다운'이라는 수식어가 붙어 있다. 그리고 '기사'라는 단어 앞에 붙은 수식어는 '용감한'이다. 이것만 봐도 동화를 통해 무엇이 강요되고 있는지 확인할 수 있다. 지금 일어나고 있는 젠더 문제는 남녀 대립의 차원이 아니라 사회적으로 무엇이 강요되고 있는지를 보는 것이 핵심이다. 아름다워야 하고, 용감해야 하며, 진실한 사랑만이 구원의 해법이 된다는 것을 학습시키고 있다.

자, 그런데 이러한 것들을 향해 슈렉은 뭐라고 하고 있는가? '그런 일은 절대 없다'고 확언하고 있다. 영화에서 슈렉은 자신의 늪을 되찾기 위해서 피오나 공주를 구하러 가지만 잠들어 있는 공주를 키스로 깨우는 것이 아니라 양어깨를 흔들어서 깨운다. "일어나세요. 아, 일어나요." 이렇게 말이다. 또한 피오나 공주가 걸린 저주는

밤이면 괴물로 변하는 것이 아니라 낮에 자꾸 예쁜 버전이 되는 것이다. 그 바람에 자신의 진짜 모습을 괴물이라고 생각하게 되어 사람들 앞에 드러내는 걸 부끄러워한다.

드림웍스는 영화 슈렉을 통해서 기존에 내려오는 구원의 역사를 비판한다. 나에게 저주를 거는 사람이나 나를 저주에서 구원할 사람이 외부에 있는 것이 아니고, 아름다워야 구원받을 자격이 있는 것도 아니며, 누군가를 구원하는 용감함을 반드시 갖고 있어야 하는 것도 아니라는 걸 적극적으로 말하고 있다.

월트디즈니 또한 이러한 비판들을 받아들여 기존 스타일과는 다른 〈겨울왕국〉이라는 영화를 내놓는다. 〈겨울왕국〉에는 나쁜 마녀가 등장하지 않으며, 두 여자의 대립도 없다. 공주가 등장하는 영화에서 유일하게 남자 주인공보다 눈사람이 유명한 영화이기도 하다.

내가 누구인지를 찾아가는 여정, 그리고 저주는 없었다

이러한 시대 철학의 흐름에 맞춰 우리는 어떤 질문을 해볼 수 있을까? 우리 자신에게 어떤 질문을 하면 좋을까? 동화에 등장하는 저주와 해법은 지금 시대에 어떤 모양으로 머물고 있을까?

나는 내가 어떤 것이 부족하다고 생각하는가? 나 자신은 무엇이 문제이고 무엇을 고쳐야 하며 무엇 때문에 뭔가가 잘 안 된다고 생각하는가? 그리고 그런 부족한 점을 해결하기 위해서 무엇이 필요하며 무엇을 채워야 한다고 생각하는가?

우리는 어릴 적부터 특별한 이유나 근거 없이 나 자신이 부족한 존재라는 인식을 갖게 된다. 우리는 늘 빨리 무언가를 배우고 익혀서 다음 단계로 끊임없이 넘어가야 한다. 그 속도가 무엇을 기준으로 정해진 것인지도 모르는 채 스스로가 느리고 부족하다고 생각하며 나이를 먹는다. 그리고 어느 순간부터 열심히 해도 결과가 좋지 못하면 자신을 실패한 사람, 패배한 사람, 한참 부족한 사람으로 설정한다. 스스로가 정한 기준이 아닌 세상이 정해놓은 기준(정당하거나 과학적이지도 않은)에 맞춰서 말이다. 그리고 세상이 정해놓은 기준에 하나라도 부합하지 않으면 그 부분을 채워야 하는 대상으로 낙인찍히고 분류당한다. 우리는 저주를 받았고, 그 저주를 풀기 위해 끊임없이 고군분투하면서 저주를 풀어줄 외부의 무언가를 기다린다. 좋은 성적을 받거나, 시험을 잘 보거나, 외모로 인기를 얻거나, 좋은 대학에 가거나, 성공한 직업을 갖는 것 등으로 나의 저주가 풀릴 그날만을 기다리는 것이다.

잠깐 멈춰서 다시 생각해보자. 그 과정에서 우리가 잃어버린 것은 무엇일까? 우리는 도대체 무엇이 정답이라고 강요받으며 사는 것일까? 혹시 나라는 존재가 외부의 그 무엇으로 도배하지 않더라도 이미 온전한 존재라는 것을 잊고 있지는 않은가? 한 사람으로서 유일한 존재이고 그 자체로 가치 있으며 존중받아 마땅하다는 것을 이상한 저주에 걸려 잊고 있는 것은 아닌가?

마치 피오나 공주가 자신의 본래 모습을 저주라고 생각해 사람들 앞에 보이지 않으려고 숨기는 것처럼 우리는 우리의 모습을 스스로 소외시키고 있는 것인지도 모른다.

이제부터 나눌 영화 이야기는 이런 질문에 대해 스스로 해답을 찾아갈 수 있도록 하기 위해 준비된 것이다. 이 영화들의 주인공 중에 외적인 화려함과 사회가 인정하는 성공, 타인의 시선과 인기를 위해 노력하는 사람은 없다. 처음엔 그런 것들이 전부인 줄 착각하지만, 결국 진정한 내가 누구인지를 찾아가는 여정으로 걸음을 옮긴다. 우리가 그러할 것이다. 우리의 길이 어디로 향하는지 많은 주인공과 이야기를 주고받으며 생각과 질문을 얻기를 기대한다. 그런 의미에서 오직 다음 한 가지 질문만을 이 책에 심어두었다.

'저주는 누가 설정했으며, 그 저주를 풀 구원자는 누구인가?'

1장

인생의 주인공으로
산다는 것의 의미

꿈을 이루기 위해서는 어떻게 살아야 할까?

공부와 돈과 권력이 인간의 생명보다

더 우위인 것처럼 느껴지는 세상에서

어떻게 하면 조금은 더 자유로울 수 있을까?

나아가 다른 것들에게 주인공 자리를 내주지 않고

내 인생의 주인공으로 살 수 있는 방법은 무엇일까?

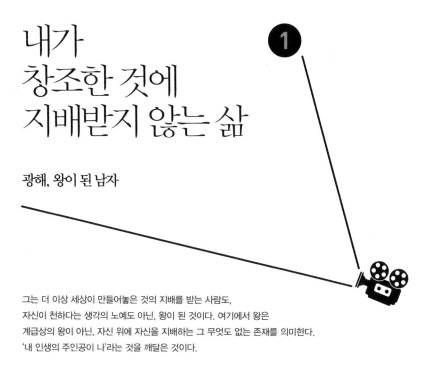

내가
창조한 것에
지배받지 않는 삶

광해, 왕이 된 남자

그는 더 이상 세상이 만들어놓은 것의 지배를 받는 사람도,
자신이 천하다는 생각의 노예도 아닌, 왕이 된 것이다. 여기에서 왕은
계급상의 왕이 아닌, 자신 위에 자신을 지배하는 그 무엇도 없는 존재를 의미한다.
'내 인생의 주인공이 나'라는 것을 깨달은 것이다.

"그리하면 마마님의 웃는 얼굴을 볼 줄 알았습니다. 환하게 웃는
마마님 얼굴!"

'광해, 왕이 된 남자'라는 제목에서 지칭된 왕, 광해라는 단어가
무색하게 이 영화의 주인공은 광대 하선이다. 영화는 광대 하선이
까칠하고 무서운 왕의 역할을 대행하게 되면서 궁에 있는 사람들과
어떻게 인간관계를 맺는지 보여준다. 일명 '관계 맺기의 끝판왕' 광
대 하선의 궁궐 탐험기라고 할 수 있다. 왕과 나인, 왕과 신하, 왕과

중전, 왕과 백성의 관계. 이들 간의 관계 맺기에서 가장 중요한 것은 상대방이 행복하기를 바라는 마음이다. 왕을 대행하는 '가짜'이지만 그들을 생각하는 광대 하선의 마음은 '진짜'임이 분명했다. 역모를 꾀했다는 누명을 쓰고 처형당할 처지에 놓인 중전의 오라비를 구해 낸 하선이 바란 것은 정의를 바로잡고 정치를 잘해보는 것이 아니라, 그저 중전이 환하게 웃는 것이었다.

왕의 관계심리학, "너의 이름이 무엇이냐?"

왕은 궁궐의 법도를 지키고 신하들과 눈치싸움을 하며 근엄함을 지키기 위해 그 자리에 앉아있는 것이 아니라, 백성을 웃게 하려고 그 자리에 있는 것임을 하선은 광대의 직업정신을 발휘해 보여준다. 주변 사람들의 이름을 불러주고 웃음을 지켜주는 것이 왕의 역할임을 말이다.

하선은 사람과 사람 사이의 소통에서 중요한 관계심리를 모조리 꿰뚫고 있는 듯하다. 자, 지금부터 광대 하선이 보여주는 데일 카네기(《데일 카네기의 인간관계론》으로 유명하며 대인관계 능력과 의사소통 능력 자기계발서로 잘 알려져 있다)급 조선 소통왕의 면모를 살펴보기로 하자.

"너의 이름이 무엇이냐?"

"허허, 맛나구나. 이 팥죽 누가 만들었느냐?"

암살 기도로 몸이 상해 치료를 받기 위해 오랫동안 자리를 비우게 된 왕 대신 아무도 모르게 왕 역할을 대행하게 된 광대 하선. 양반들 앞에서 공연을 해 겨우 먹고살다가 어마어마한 수라상을 받게 되었으니 얼마나 신이 났을까? 까칠하고 예민하고 경계심 많은 진짜 왕과 달리 체력 좋고 소화력 좋은 광대 하선의 본격 먹방이 시작된다. 전국의 산해진미가 다 모였으니 내 기꺼이 먹어주리라 하는 대환영으로 모조리 아주 적극적으로 먹어치우는 장면을 많은 관객이 지켜봤다. 하선은 임금 생활이 이런 거라면 얼마든지 해낼 수 있겠다고 생각했을 것이다.

그런데 궁은 하선이 이해할 수 없는 일들이 너무 많이 벌어지는 곳이다. 아니 글쎄, 왕이 남긴 음식으로 수라간 나인들이 요기를 한다고? 아이쿠, 그런데 수라간 나인들이 먹어야 할 음식까지 신나게 먹어버리지 않았는가. 하선 자신은 끼니때마다 그 화려한 수라상을 남김없이 다 먹을 수 있는데 말이다.

"아니, 이럴 수가! 다 먹고살자고 하는 일인데…."

자신의 먹성을 계속해서 선보일 자신이 있지만, 자신이 다 먹으면 수라간 나인들이 종일 굶을 것을 알기에 하선은 이제 수라상 앞에서 망설인다. 분명 잠깐이나마 고민을 했을 것이다. 그러나 하선은 자신의 먹성 드러내기를 멈추고 팥죽 하나만 집어 든다. 허겁지겁 먹는 것에만 집중했던 그의 식사 시간이 나인들을 살피는 시간으로 바뀌는 순간이다. 비로 이 순간, 도승지가 시키는 대로만 하면

되는 꼭두각시 역할에서 벗어나 자신을 진짜 왕으로 알고 있는 주변 사람들과 관계가 형성되기 시작한다. 이 부분에 좀 더 힘을 주어 얘기를 해볼까 한다.

왕과 신하는 계급으로만 규정된 사이가 아니라 사람과 사람으로 연결된 '관계'라고 할 수 있다. 관계는 마음으로 연결되며, 마음에 따라 서로 아끼거나 충성하거나 존경하거나 무서워하는 것이 결정된다. 진짜 왕은 수라간 나인들을 자신을 수발하기 위해 존재하는 사람 정도로 생각했다. 자신이 왕의 역할을 잘해내기 위해서는 그들이 부품처럼 움직여줘야 하고, 부품들은 자기 대신 죽어도 된다고 생각했다. 그래서 은수저 색깔이 변한 것으로 보아 독이 들었음이 분명한 미역국을 기미나인에게 마시라고까지 했다. 그렇게 부품에 지나지 않는 취급을 받던 나인에게 광대 하선은 차원이 다른 질문을 건넨다.

"너의 이름이 무엇이냐?"

"네, 사월이라 하옵니다."

관계심리학 첫 번째 두둥. 이름을 묻는 것! 우리는 누군가와 처음 인사를 나눌 때 이름을 묻고 이름을 말한다. 이름을 주고받는 것은 단순한 자기소개가 아니다. 그 사람의 이름을 기억함으로써 그 사람의 존재를 내 안에 들여놓는 것을 의미한다. 이름이 내 안에 들어오는 순간 상대는 불특정한 대상을 넘어 한 사람으로 머물게 된다. 그래서 누군가를 오랜만에 만났을 때 이름이 잘 기억나지 않으면 정말 미안한 마음이 들고 미안한 나머지 이름이 기억나는 척하기도 한다. 그래서 이름을 한번 들으면 달달 외워서라도 기억하는 것이 중요하다. '내가 당신을 기억하고 있어요'라는 의미로. 하선이 사월이를 기미나인이라는 궁 직책으로 부르지 않고 "사월아."라고 부르는 것처럼 말이다. 기미나인은 사월이가 아닌 다른 사람으로 바뀌어도 무관하지만 사월이는 사월이만 할 수 있다. 왕이 자신의 이름을 묻고 기억하고 불러주는 것이 사월이 본인에게 얼마나 큰 의미였을까를 상상해보면 어떤 차이가 있는지 짐작이 갈 것이다.

하선은 이어서 사월이의 나이와 궁에 들어오게 된 그간의 가슴 아픈 사연을 세세히 물어보며 왕과 나인이라는 계급을 넘어서서 둘만의 우정을 쌓는 관계로 이어간다. 관계심리학이란 인간과 인간을 연결하는 관계 속에서 피어나는 보편적인 심리를 말하는데, 이름을 기억하고 불러주는 것이 서로가 특별한 존재로서 연결되는 인간관계의 첫 시작이라고 할 수 있다.

소통왕 하선의 관계심리학은 다시 이어진다. 상대방이 자신에게 베풀어준 친절에 대해 자신의 느낌과 소감을 표현하는 것.

"허허, 맛나구나. 어릴 적 먹던 그 맛이구나. 이 팥죽 누가 만들었느냐?"

왕의 수라상은 전국에서 가장 좋은 재료로 만든 산해진미가 올라오는 상이다(제주도 귤도 조선시대에는 왕가에서만 먹을 수 있었다). 그리고 전국 최고의 솜씨를 지닌 궁의 요리사가 음식을 만든다. 맛이 없을 수가 없고 맛이 없으면 안 되기에 굳이 맛있다고 말할 필요도 없으며 누가 만들었냐고 물을 필요도 없다. 왕이 체통 없이 음식이 맛있다며 호들갑을 떠는 것도 어색할뿐더러, 맛이 없으면 그것이 오히려 벌을 받아야 할 일이다. 만약 왕이 수라를 먹다가 '간이 짜다'고 하면 어떤 일이 벌어졌을까?

누군가의 호의에, 누군가가 건넨 어떤 것(그것이 물건이든 친절이든 말이든)에 대해 나의 소감을 전하는 것이 관계에 어떤 영향을 미칠까? 상대방의 호의가 나에게 어떤 느낌으로 다가오는지 구체적인 표현으로 반응하는 것이 인간관계를 돈독하게 하는 핵심이다. 우리나라의 소통 문화를 가만히 살펴보면, 좋은 것을 좋다고 말하는 것에 다소 서툴고 소극적이며 말하지 않아도 알 거라고 생각해버리는 경향이 있다. 하지만 상대방은 내가 아니라서 내 마음을 정확하게 알 길이 없다. 겉으로 드러나지 않는 마음을 알아내려 눈치 보고 짐작해야 하는 것만큼 관계를 불안하게 하는 것은 없다. 반면에 사소한 마음이라도 표현을 하면 관계는 더 좋은 방향으로 나아간다. 팥죽이 맛있다는 말 한마디에 수라상에 팥죽이 절대 빠지지 않을 것은 물론이고, 앞으로 팥죽을 만들 때 얼마나 더 정성을 다해 맛있게 만들려고 할 것이며, 만들면서 왕이 맛있게 먹을 거라는 생각에 얼마나 행복하겠는가 말이다. 이처럼 상대가 나에게 해준 것이 나에게 얼마나 좋은지를 이야기해주면 관계가 더욱 돈독해진다.

"그렇게 말해줘서 정말 힘이 됐어요. 고마워요."

"아까 빌려줘서 잘 썼어. 정말 고마워."

이런 표현은 상대방을 곁에 머물게 하는 힘을 발휘한다. 말로 표현하지 않으면 상대방은 내 고마운 마음을 알 길이 없고, 오히려 오해가 생기기도 한다. 내가 괜한 말을 했나, 저 사람은 고마워할 줄도 모르는구나 하는 오해가 쌓여 갈등으로 이어질 때도 있다.

나인들을 위해 그 탁월한 먹방 시전도 멈추고, 팥죽 하나를 먹으면서 맛있다고 표현하고, 누가 만들었는지 칭찬하고 웃는 왕의 모습을 보면서 나인들은 왕(광대 하선)을 마음으로 따르기 시작한다. 진짜 왕이 아니라 천한 광대라는 것을 알 리 없는 나인들은 분명 우리 왕이 진짜 멋진 왕으로 변하고 있다고 생각했을 것이다. 수라간에서 하선이 남겨준 음식을 먹으며 웃음꽃을 피우면서.

누군가의 웃음과 인정이 주변 모두를 웃게 하는 것이야말로 관계심리학의 핵심이라고 할 수 있다. 중전의 가문을 지키고, 백성에게 필요한 정책을 펴고, 상선영감의 사연에 등을 토닥이며, 나인들을 위해 음식을 남겨주는 하선의 행동은 그저 그들의 작은 웃음을 보고 싶은 마음에서 나온 것이었다. 광대 하선은 왕의 역할을 대행하면서 자신도 모르게 왕으로서 갖춰야 할 진정한 리더십을 온몸으로 발휘한 것이다. 한 사람의 영향력은 이처럼 강력하다. 주변 사람들을 두렵게 하기도 하며 웃게 하기도 한다. 타인에게 영향력을 많이 끼치는 자리에 있을수록 더 그렇다. 그대, 오늘 누군가를 웃게 했는가? 그 누군가를 향해 웃어주었는가? 그렇다면 이미 인간관계를 연결하고 아우르는 관계심리학을 구현하고 있는 셈이다.

신분이 전혀 다른 왕과 광대의 공통점은 무엇일까?

영화 〈광해, 왕이 된 남자〉에서 무엇보다 주목할 점은 시대 배경이 계급사회라는 점이다. 이 영화의 시대 배경인 조선시대에 태어난 한 개인의 계급은 어떻게 정해지는가? 바로 태생, 즉 어느 부모에게서 태어나느냐에 따라 결정된다. 태어나는 것은 자신이 선택하거나 정할 수 없는 것인데 태어나는 순간 자신의 계급이 천민이라면 어떠할까? 게다가 웬만해서는 살아가면서 이 신분이 상승하거나 바뀌지 않는다. 조선시대에 태어나면 자신의 탄생과 존재를 성찰해볼 틈도 없이 신분이 정해지며, 대개는 정해진 신분대로 삶을 살아간다. 무엇보다 스스로가 타고난 신분을 운명으로 받아들이며 살아간다. 이 영화에 등장하는 두 사람은 이렇게 태어나면서부터 정해지는 계급의 층위에서 가장 높은 신분과 가장 낮은 신분을 대표한다. 태어나면서부터 가장 높은 계급이라는 신분을 지니게 된 왕 그리고 가장 낮은 계급인 천민 취급(광대는 양인에 속했으나 직업을 천시하여 사회적으로 천민 취급을 받았다)을 받는 광대를 등장시킴으로써 영화는 태생 조건이 인간의 존엄이라는 절대적 가치에 위배되는 계급의 기준이 되는 것이 타당한지 질문을 던진다.

광대라는 신분은 이 영화를 이끌어가는 데 아주 좋은 소재다. 광대는 누군가를 흉내 낼 수 있고, 누군가를 흉내 냄으로써 돈을 받으며, 천시되는 일이라 먹고살기 위해서는 목숨이 위협받는 일이라 해도 수락할 수밖에 없다. 그렇다면 왕이란 신분은 어떠한가? 왕 또한 한 나라를 대표하는 얼굴로서 광대와 비슷하다. 궁의 법도와 주어진 역할에 따라 백성과 신하들의 눈치를 살펴야 한다. 그럼 이쯤에서 진지하게 생각해보면 누구나 맞힐 수 있는 퀴즈! 조선시대 계급 가운데 가장 높은 계급인 왕과 가장 낮은 계급인 천민과 같은 취급을 받던 광대의 공통점은 무엇일까? 가장 위 계급과 가장 아래 계급의 공통점이 있기는 할까? 여러분이 머릿속에 떠올렸을 법한 생각을 세 가지로 정리해보겠다.

첫째, 친구가 없다. 가장 계급이 높은 단 한 명인 왕에게 친구란 있지도 않고 있을 수도 없다. 한 나라에 단 하나뿐인 사람, 왕은 친구가 없다. 그래서 정말 외로운 존재였을 것이다. 영화 초반에 등장하는 광해가 잔뜩 주변을 경계하며 "그 누구도 믿을 수 없다."고 말하는 장면에서 조선시대 왕들의 고독을 느낄 수가 있다. 광대 또한 마찬가지다. 양인이지만 사회적으로는 누구나 천민으로 여기는 광대와 친구가 되려는 사람은 없었을 것이다. 떠돌이 생활을 하면서 익살을 부리고 웃음거리를 자청하는 그들을 가까이에 두고 보며 웃기야 했겠지만, 마음을 깊이 나눌 친구로 삼을 만하다고 생각하지는 않았을 것이다. 그런데 바로 이 부분에서 광대는 왕과 다른 점이 있다. 한편으로 광대는 누구와도 친구가 될 수 있다는 것. 광대는 가장 천한 지위여서 동시대를 살아가는 사람들의 애환에 공감할 수 있고 누구와도 소통할 수 있는 존재다. 광대 하선의 신면모가 드러나는 장면에서 이 점이 여실히 드러난다. 왕을 마주하면 누구라도 고개를 숙여야 하지만, 광대 하선은 왕의 역할을 대행하는 동안 눈을 맞추어 대화를 하고 다른 사람의 이야기에 감정이입을 한다.

둘째, 언제 죽을지 모른다. 조선시대에는 천민이나 천한 취급을 받는 기생, 무당, 백정, 광대의 목숨은 보호받지 못했다. 그래서 양반이 절대 권력으로 천민을 때려죽여도 벌을 받지 않았다고 한다. 광대 하선 역시 양반들이 자신들의 유희에 불러주지 않으면 굶어 죽을 수도 있고, 자칫하면 괜한 죄목으로 관아에 끌려가 곤장을 맞아 죽을 수도 있다. 왕 역할을 대행하는 대가로 많은 돈을 받을 수 있겠지만 왕 대행 역할이 끝나는 날 그의 운명은 어떻게 될까?

언제 죽을지 모르고 늘 죽음 가까이에 있는 것은 왕도 마찬가지다. 왕의 목숨은 언제나 독살과 암살로 위협받았다. 실제로 조선시대 왕들은 원인불명의 갑작스러운 죽음을 맞이하기도 했다. 영화에서 조선시대 15대 왕인 광해는 끊임없는 독살과 암살 기도에 시달리며, 그것이 두려운 나머지 잘 먹지도 제대로 잠들지도 못한다. 실제로 광해군은 하루에 두 끼를 겨우 먹었고 그나마도 한두 수저에 그쳤으며 잠도 서너 시간밖에 못 자는 등 늘 소화불량과 불면증을 달고 살았다고 전해진다. 영화에서는 마침내 암살 시도가 어느 정도 성공(?)하여 오랫동안 요양을 해야만 살아날 수 있는 상황에 놓인다.

셋째, 마음대로 할 수 있는 게 없다. 이 부분은 영화에서 왕이 겪는 주요 갈등 요소이며 동시에 광대 하선이 갈등을 해결하는 이야기가 전개되는 부분이기도 하다. 왕이라면 자기 마음대로 나라를 통치할 수 있을 것 같지만, 번번이 신하들의 참견과 반대파들의 거센 저항에 이러지도 저러지도 못한다. 심지어 자신의 아내(중전)도 제대로 지키지 못한다. 더 기가 막힌 것은, 백성을 진정으로 위하는 정책임에도 번번이 저항에 부딪혀, 궁의 법도와 정치라는 비본질이 백성을 행복하게 하려는 신념인 본질을 이기는 상황에 이른다는 점이다. 그래서 왕 스스로도 체념하고 질려버리는 형국이 된다.

광대의 삶도 마찬가지 아니었을까? 귀함과 천함이 태생적으로 정해져 있다고 여기는 사회 분위기에서 맨 밑바닥에 있는 사람이 마음대로 할 수 있는 것이 무엇이었을까? 들어갈 수 있는 곳과 못 들어가는 곳이 정해져 있고 앉을 곳과 쳐다볼 것이 제한되어 있는 사람에게 삶 또한 얼마나 제한적이었을까? 그렇게 천하고 제한적인 삶을 살아가던 광대 하선은 왕의 역할을 대행하는 동안 왕이 겪는 저항과 방해를 똑같이 겪으면서도 사람과 생명을 위하는(백성을 진정으로 위하는) 본질의 힘을 보여준다. 바로 이것이 이 영화가 1,200만 명이 넘는 관객을 끌어 모은 저력이었을 거라 생각된다.

백성들을 사지로 내몰 수 없다며 분노하고, 절대로 죽지 말고 살아 있으라며 은장도 칼날을 부러뜨린 광대 하선. 사람의 생명을 가장 중요하게 생각한 그는 법도와 자신의 안위까지도 집어 던지고 왕의 대행이라는 역할보다 더 중요한 것을 향해 버선발로 달린다. 그의 버선발을 따라가 보자.

태생을 뛰어넘은 진짜 왕의 탄생

조선시대 신하와 나인들은 궁에서 왕을 위해 목숨을 바쳐야 하는 존재들이다. 왕의 목숨을 지키기 위해서 자신의 목숨을 기꺼이 내어놓아야 한다. 기미상궁의 직접적인 역할이 바로 이것이다. 음식에 독이 들었는지 먼저 먹어봄으로써 혹시 모를 왕의 목숨에 대한 위협을 먼저 몸으로 감내해야 한다. 그러나 자신의 목숨을 바치는 일이 어떻게 쉽겠는가. 그것은 자신의 삶은 물론이고 자신의 관계(혹시 어딘가 있을지 모를 가족과의 해후 등)를 포기하는 일이기도 하다. 기미나인 사월이는 영화 후반에 왕(광대 하선)을 위해 기꺼이 목숨을 바친다. 여기서 핵심은 '기꺼이'다. 내 이름을 불러준 나의 주군을 위해서라면 이 한목숨 바칠 수 있다는 애정과 충성에서 우러나오는 '기꺼이'가 등장한다.

왕을 견제하는 세력들은 사월이에게 청산가리가 든 계피사탕을 건넨다. 입에 물고 있다가 기미 보는 순간에 팥죽에 넣으라는 것이었다. 그렇게 하지 않으면 수라간 나인들은 모두 죽은 목숨이라며. 사월은 선택을 해야만 한다. 자신의 생명인지, 아니면 왕의 생명인지.

사월은 그동안 왕(광대 하선)과 군신 관계를 넘어선 우정을 쌓아왔다. 사월은 왕의 엉터리 시에도 편이 되어주었고, 왕은 사월이의 사연을 진지하게 들어주었다. 사월은 그런 왕에게 그동안의 고달픈 인생을 보상받는 것처럼 힘을 받고 자신의 존재감을 인정받았다.

그래서 사월은 청산가리를 입에 물고 있다가 팥죽 안에 넣지 않고 기꺼이 자신의 몸 안으로 넘긴다.

"전하, 만수무강하시옵소서."

왕의 목숨을 지키기 위해 어쩔 수 없이 목숨을 바쳐야만 하는 수동적 충성이 아니었다. 자신을 인정해주고, 자신의 이야기에 귀 기울여주고, 대신 분노해주고, 자신의 일을 해결해주기 위해 실질적인 노력을 해준 자신의 왕을 지키기 위해 능동적으로 목숨을 던진 것이다.

이 장면에서 광대 하선이 얼마나 진정한 왕이었는지를 보여주는 상징이 등장한다. 바로 버선발이다. 사월이가 독을 삼키고 피를 토하자, 왕(광대 하선)은 자신이 지금 왕의 대리 역할을 하고 있다는 것을 까맣게 잊고 궁의 법도와 예를 전혀 생각하지 않고 피를 토하는 사월이를 안고 버선발로 어의에게 뛰어간다. 조내관이 내려놓으라고 다급하게 말하는 소리도 그에게는 들리지 않는다. 오직 사월이의 생명을 살리고자 다른 것은 살필 틈도 없이 달려가는 장면에서 버선발이 줌 인$^{zoom\,in}$ 된다.

자, 버선발을 문학작품이나 여러 글에서 만난 적이 있을 것이다. 주로 어떨 때 버선발이 등장하는가? 그렇다. 버선발은 주로 부모들의 전유물처럼 문학에 등장한다. 오랫동안 만나지 못했던 자식이 집에 돌아오면 부모는 버선발로 뛰어가 반갑게 맞이한다. 혹은 자식에게 무슨 일이 생겼다는 소리를 들으면 그 말을 듣자마자 버선발로 뛰쳐나간다. 자식 일 앞에서는 자신의 신발을 챙길 여력조차 없을 정도로 자식이 가장 우선이라는, 자식에 대한 사랑을 표현할 때 등장하는 상징이 바로 버선발이다.

광대 하선은 돈을 받고 왕의 역할을 하는 것이기에 돈을 제대로 받으려면 왕의 역할을 충실히 해야 한다. 또한 왕 역할을 맡은 지 꽤 되어 이제는 법도를 중요시하는 궁 생활에 익숙해져 있다. "나도 어떨 때는 내가 진짜 왕인 것 같소."라고 말하는 장면만 봐도 알 수 있다.

그러나 생명의 위태로움 앞에서 그는 자신이 돈 받고 하는 역할과 궁의 법도 따위는 안중에도 없고 주변의 말도 전혀 들리지 않는다. 오직 사월이를 살려야 한다는 생각밖에 없다.

이 버선발은 한 번 더 등장한다. 영화를 본 사람이라면 왕을 지키는 호위무사 도부장을 기억할 것이다. 도부장 역시 왕 역할을 하는 광대 하선과 여러 일을 겪으면서 기꺼이 마음을 바치게 된다. 영화의 마지막에 이르러, 광대 하선은 자신을 죽이기 위해 쫓아오는 진짜 왕의 군사들을 피해 도망가게 되는데, 이때 도부장은 진짜 왕의 명령을 거부하고 자신이 마음으로 따르게 된 가짜 왕을 위해 목숨을 바치려고 한다. 그래서 궁에서 나온 군사들과 홀로 맞서며 광대 하선이 도망갈 수 있도록 시간을 번다.

"도부장, 그는 가짜요. 그를 죽이라는 어명이요."

"그대들에게는 가짜일지 모르나 나에게는 진짜다."

도부장은 고지식하고 융통성 없는 사람이다. 그러나 광대 하선이 왕의 자리에서 보여준 모습에 감동하여 진짜 왕에게 불충을 저지름과 동시에 자신의 목숨을 바쳐 그를 지키고자 한다. 다른 나라로 가는 배를 탈 수 있는 포구를 향해 겁에 질려 뛰어가던 광대 하선은 멀리서 도부장의 비명소리를 듣고는 달리던 길을 멈추고 뒤돌아 뛰기 시작한다. 신발이 벗겨지고 버선발로 도부장과 가까워진다. 도부장은 칼을 맞아가면서도 궁에서 나온 군사들을 끝내 물리친 후 삶의 마지막 순간과 마주하고 있다. 그때 자신을 향해 달려온 광대 하선의 버선발을 보면서 자신의 선택이 틀리지 않았음을 확인하며 두 손으로 하선의 버선발을 감싼 채 죽음을 맞이한다.

도부장이 버선발을 두 손으로 감싸며 지은 표정의 의미는 무엇이었을까? 평생 왕의 목숨을 지키는 것이 가장 우선이었던 호위무사가 진짜 왕을 저버리고 한낱 광대의 목숨을 지키기 위해 싸우기로 결심하게 된 가장 큰 이유는 무엇이었을까? 그가 계급을 초월해 광대 하선을 진정한 왕으로 모시게 된 동기가 있었을 것이다. 도부장은 원칙을 중요하게 생각하는 사람이다. 그런 그가 사람을 가장 우선으로 생각하고 진정으로 백성을 섬기는 광대 하선의 모습에서 왕이 시녀야 할 진정한 원칙을 발견한다. 진정성을 보여준 광대 하선은 도부장이 그토록 염원해온 왕 그 자체였고 이를 확인한 순간 도부장은 광대 하선을 자신의 왕으로 인정하게 되었을 것이다. 고지식하고 융통성 없는 그의 성격 그대로 말이다.

이처럼 두 차례에 걸친 버선발의 등장은 광대 하선이 왕의 역할을 대행한 가짜가 아니라, 사람의 생명을 향한 진정한 왕의 모습이 깃들어 있는 인물임을 보여준다. 또한 가장 중요한 본질이 무엇인지 보여주는 은유적 표현이기도 하다. 사람의 생명보다 더 귀하고 우선인 것은 없다고 말이다.

이 영화는 가장 높은 계급과 낮은 계급을 대치시키고 각자 처한 위치를 바꾸어놓음으로써 서사를 이끌어간다. 가장 높은 계급이지만 본질을 놓치고 비본질의 노예로 살고 있는 왕의 모습과, 가장 천한 취급을 받지만 본질을 지키고 사는 광대 하선의 모습을 대비시킨다. 절대 넘을 수 없는 계급사회의 한계를 넘어 인간 본성을 지키며 사는 삶이 진정한 삶이라는 것을 보여주고 있다.

그리스신화 '피그말리온 이야기'

그리스신화에 등장하는 피그말리온 이야기는 '간절히 원하면 이루어진다'는 의미를 담고 있는 것으로, 교육심리학에도 자주 등장할 만큼 유명한 이야기다. 자기계발서나 강연 등에서 사례로 자주 인용되기도 한다. 이 이야기를 조금은 다른 각도에서 한번 들여다보자.

키프로스에 피그말리온이라는 왕이 살고 있었다. 그는 뛰어난 조각가이기도 했는데, 여인들을 혐오하며 멀리하면서 오직 조각에만 몰두하였다. 당시의 키프로스 여인들은 아프로디테의 저주를 받아 문란한 생활을 했는데 피그말리온은 그것이 너무나도 마음에 들지 않았다. 피그말리온은 자신이 이상적으로 생각하는 여인을 조각상으로 만들었고, 자신이 만든 그 조각상을 사랑하게 된다. 그러나 조각상은 살아있는 존재가 아니기 때문에 이 조각상이 사람이라면, 실제 여성이라면 얼마나 좋을까를 생각하다가 밥도 먹지 못하고 시름시름 앓으며 죽어가고 있었다. 아프로디테는 이 모습이 가여워서 조각상을 살아있는 여인으로 만들어줬고 피그말리온은 이 여인과 결혼하여 행복하게 살았다.

피그말리온이 간절히 원해서 아프로디테가 그 소원을 들어준 것이 간절히 원하면 이루어진다는 것으로 연결되는 부분도 인상적이다. 하지만 우리는 좀 더 앞쪽으로 가보기로 하자. 애초에 조각상은 피그말리온에 의해 창조되었다. 자신의 재능과 신념으로 만들어낸 창조물이다. 피그말리온은 자신이 창조한 조각상의 주인이라고 할 수 있다. 그런데 이 조각상이 사람이면 좋겠다는 간절한 소원이 시작되면서 밥도 제대로 먹지 못할 만큼 조각상에 매몰되기 시작한다. 결국 자신이 창조한 조각상의 지배를 받는 꼴이 된 것이다.

이 이야기는 결말이 좋으니 다행이지만, 이를 우리 삶과 연결하여 생각하면 자신이 창조한 것의 지배를 받는 경우를 곳곳에서 발견할 수 있다. 이 사회에는 인간이 창조한 것이 거꾸로 인간을 지배하는 형국으로 전환된 것들이 많다. 조선시대 신분제도는 누가 만들었을까? 인간과 더불어 계급이 필연적으로 창조된 것이 아니라, 인간이 만들었다. 그리고 계급은 다시 인간을 압도하여 계급이 인간을 지배하는 사회가 되었다. 조선시대 사람들은 자신이 태어나면서 결정되는 계급을 운명으로 받아들였다. 그래서 타고나기를 고귀한 양반이거나 천한 노비라고 생각했다. 우리는 이제 알고 있지 않은가? 사람이 태어나면서부터 고귀하거나 천한 것은 아니라는 걸 말이다. 신분제도만 그러할까?

우리는 우리가 창조한 생각의 지배를 받는다. 그 창조는 개인적인 창조이기도 하지만 시대와 사회 현상이 반영된 창조이기도 하다. 그런 것들을 그대로 답습하면서 자기 자신의 생각으로 삼고 그것들의 노예로 기꺼이 살아간다. 예를 들어, '돈을 많이 버는 것이 성공이야.'라는 생각이나 '인기를 많이 얻으면 더 행복할 거야.'와 같은 생각은 인간의 본질과 연결된 생각이 아니라, 시대의 대물림과 문화 속에서 창조된 인간의 생각체라고 할 수 있다. 인간이 창조한 것인데 그것을 만든 주체로서 그것들의 주인이 되어 바꾸거나 없애지 않고 오히려 지배를 받는 것이다. 이와 같이 한 개인이 갖는 수많은 생각이나 결심, 신념이 오히려 자기 자신을 매몰시키고 협소하게 만드는 요인이 되기도 한다.

영화 〈광해, 왕이 된 남자〉의 제목을 한번 들여다보자. 조선시대에는 왕이 아니었는데 왕으로 되는 경우는 역모나 혁명이 일어난 경우라고 할 수 있다. 조선시대에는 왕이 '된다'기보다는 왕으로 '태어난다'고 하는 것이 맞는 말이기에 이 제목에는 오류가 있다. 그럼 방향을 바꾸어 중의적 의미로 해석해볼 수도 있다. 원래 왕이었는데 깨달음을 통해 진정한 왕으로 거듭나는 것을 표현한 것일 수도 있다. 그러나 이 영화는 진짜 왕 광해가 주인공이 아니라 천한 광대 하선이 주인공이다. 그렇다면 이 제목은 어떻게 해석할 수 있을까?

영화 초반에 광대 하선은 자신을 '천것'이라고 말한다. "천한 놈이 뭘 알겠습니까요?" 하선은 자신의 태생이 조선시대 사회에서 천하고 낮은 신분이라 자신의 존재 자체가 천하다고 생각했을 것이다. 그러다 왕의 역할을 대행하면서 진정으로 백성을 위하는 길이 무엇인지 고민하게 되고, 왕을 위해 목숨을 바치는 나인과 호위무사의 고귀한 희생을 보면서 인간의 본질이 무엇인지 발견한다. 영화 마지막에 배를 타고 다른 나라로 떠나는 하선의 표정이 그것을 말해준다. 깨달은 자의 표정과 눈물. 그는 더 이상 세상이 만들어놓은 것의 지배를 받는 사람도, 자신이 천하다는 생각의 노예도 아닌, 왕이 된 것이다. 여기에서 왕은 계급상의 왕이 아닌, 자신 위에 자신을 지배하는 그 무엇도 없는 존재를 의미한다. 인문학의 차원에서 표현하자면, '내 인생의 주인공이 나'라는 것을 깨달은 것이다. 광대 하선은 천한 존재라는, 사회가 만든 계급이 주인공인 삶을 살았다. 또한 돈을 벌기 위해 목숨이 위험할 수도 있는 일을 맡는, 돈이 주인공인 삶을 살았다. 자신의 안위를 위해 열다섯 살의 어린 기생을 동네 사또에게 바치는, 타협이 주인공인 삶도 살았다. 이제 그는 그 무엇도 자신을 지배할 수 없으며 자기 인생의 주인공은 자신이라는 걸 깨달은 자로 살아갈 것이다.

진짜 왕인 광해 역시 달라진다. 신하와 유생들의 눈치, 하나를 내주고 하나를 받는 정치질, 명나라를 향한 사대의 예, 궁의 법도와 체통 등의 지배를 받는 왕에서 백성의 지아비라 불리는 것에 걸맞은, 백성을 위하는 본질적인 역할에 대해 각성하기 시작한다.

광대 하선과 광해는 영화에서 진정한 왕으로서 산다는 것, 즉 인생의 주인공으로 산다는 것이 무엇인지 알아차렸다. 이제 우리 차례다. 꿈을 이루기 위해서는 어떻게 살아야 할까? 공부와 돈과 권력이 인간의 생명보다 더 우위인 것처럼 느껴지는 세상에서 어떻게 하면 조금은 더 자유로울 수 있을까? 나아가 다른 것들에게 주인공 자리를 내주지 않고 내 인생의 주인공으로 살 수 있는 방법은 무엇일까? 과연 인간이, 사회가, 내가 창조한 것들을 더 본질적인 방향으로 다듬고 지키면서 살아가고 있는지 스스로에게 묻기를 바란다.

세상이 정해놓은 계급이 아니라 내가 내 인생의 왕이라는 것을 깨달은 자의 얼굴로, 그대 위에 그 무엇도 군림하지 않는 왕으로 사시길.

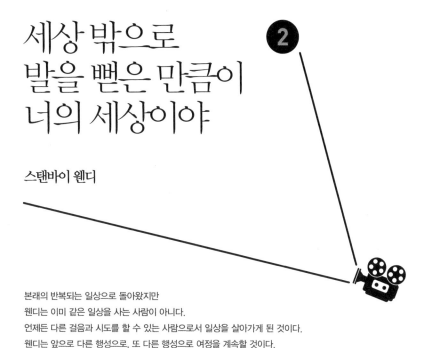

세상 밖으로
발을 뻗은 만큼이
너의 세상이야

스탠바이 웬디

본래의 반복되는 일상으로 돌아왔지만
웬디는 이미 같은 일상을 사는 사람이 아니다.
언제든 다른 걸음과 시도를 할 수 있는 사람으로서 일상을 살아가게 된 것이다.
웬디는 앞으로 다른 행성으로, 또 다른 행성으로 여정을 계속할 것이다.

로드 무비$^{road\ movie}$는 주인공이 이동하는 장소를 따라가며 이야기가 전개되는 영화를 말한다. 가장 흔하게는 주인공이 여행을 하면서 새로운 장소에 머물 때마다 그곳에서 우연히 일어나는 사건을 통해 성장하는 과정을 보여준다. 주인공이 무엇을 경험하고, 무엇을 느끼고, 무엇을 깨닫는지 장소와 시간의 흐름을 따라가면서 삶의 길을 은유적으로 보여준다. 로드 무비는 주인공의 여행을 주로 다루지만, 어떤 사건에 휘말려 도주하거나 무언가를 찾아 떠나서 목적지에 이르는 경로가 주된 서사를 이루기도 한다.

내 인생을 찾아가는 로드 무비

로드 무비는 대개 한 장소에 살던 주인공이 익숙한 그 장소를 떠나면서 시작되는데, 기존에 만나던 사람이나 사건이 아닌 전혀 다른 경험을 하면서 자신만의 삶의 의미, 자신의 길을 찾아나가는 과정이 로드 무비의 매력이라고 할 수 있다.

〈오즈의 마법사〉를 본 적이 있을 것이다. 만화나 영화, 뮤지컬 혹은 책으로 접했을 것이라 짐작된다. 주인공 도로시는 강한 회오리바람에 휩쓸려 자신이 살던 곳과 멀리 떨어진 어딘가로 이동하게 된다. 자신의 의지와는 상관없는 강제 여행이 시작되는 것이다. 도로시가 무지개 너머 어딘가(주제곡인 '오버 더 레인보우Over the rainbow'의 가사처럼) 집으로 돌아가는 방법을 알려줄 마법사를 찾아 길을 나서게 되면서 로드 무비가 본격적으로 시작된다. 도로시가 길에서 만나는 존재를 모두 나열할 수 있는가? 똑똑한 뇌를 갖고 싶어 하는 허수아비, 따뜻한 심장을 갖고 싶어 하는 양철 나무꾼, 용기를 얻고 싶어 하는 겁쟁이 사자. 그들과 동행하면서 여러 사건 사고를 겪고 함께 문제를 해결하면서, 그토록 찾던 무지개 너머의 보물들(집으로 돌아가는 방법, 총명한 지혜, 따뜻한 심장, 진정한 용기)이 실은 자신 안에 있다는 것을 깨달게 되는 이야기다.

주인공 도로시는 시골 농장에서 살던 소녀다. 농장을 떠나 다른 곳에 가보거나 모험을 해본 적이 없다. 이렇게 한 곳에만 머물던 주인공은 다른 장소로 이동하면서 더 넓은 세상을 만나고 새로운 경험을 한다. 그리고 이를 통해 삶의 주인공으로 거듭난다. 관객은 이 과정을 지켜보면서 자신의 길을 자연스럽게 떠올린다. 주인공의 여정을 따라 자신만의 '로드 무비(인생 여정)'를 돌아보는 시간을 갖게 되는 것이다.

로드 무비는 도로시처럼 어딘가로 떠나본 적 없는 인물 혹은 어딘가에 갇혀서 지내야 하는 인물을 주인공으로 설정하는 경우가 많다. 영화 〈노킹 온 헤븐스 도어〉나 〈버킷리스트 : 죽기 전에 꼭 하고 싶은 것들〉은 시한부 판정을 받고 의학의 힘으로 삶을 연장시키지만 결국은 죽음을 향해가고 있는 사람들이 주인공이다. 병원에 있으면 죽음이 안정적으로 연기된다. 병원에 갇혀 있으면 하루라도 더 살 수 있다. 그런데 이들은 그것을 포기하고 험난한 길을 떠나기로 선택한다. 곧 죽을지도 모르는 험난한 길을 말이다. 영화는 이 지점에서 시작된다. 병원 치료를 포기한다는 것은 더 살아있을 수 있는 날들을 포기하는 것인데 그럼에도 이들이 길을 떠난 이유는 무엇일까?

〈노킹 온 헤븐스 도어〉의 주인공은 바다를 본 적이 한 번도 없다. 오직 죽기 전에 바다를 한번 보겠다는 생각으로 떠난 길에서 주인공은 그동안 경험해보지 못한 세상을 만끽하며 죽기 직전, 삶을 마음껏 살아낸다. 로드 무비는 장소의 이동이라는 수평적 변화로 진행되지만 장소의 변화라는 물리적 이동 이상의 의미를 지닌다. 주인공이 서 있는 장소를 변화시킴으로써 주인공이 자신의 삶을 다르게 생각해보는 것, 즉 내면의 수직적 성찰과 성장을 보여준다.

지금 잠시 고개를 들어 눈앞의 풍경을 보라. 이 풍경은 내가 지금 여기에 있기에 보이는 것이다. 내가 있는 장소가 바뀌면 앞에 보이는 풍경도 변한다. 풍경이 바뀌면 보이는 것이 달라지고, 여러 풍경을 볼수록 '이것은 이것이다.'라는 고정된 생각에서 벗어나 '이것은 저것일 수도 있고, 그것일 수도 있으며, 그 어느 것일 수도 있다.'는 다양한 관점으로 변화한다. 성찰은 생각을 달리 해보면서 새로운 것을 발견함으로써 이루어질 수도 있지만, 내가 서 있는 자리를 바꿔 나에게 새로운 것을 제공함으로써 경험할 수도 있다. 로드 무비가 지향하는 것이 바로 이것이다.

일상을 반복하는 훈련을 받는 사람들

앞에서 말한 것처럼, 로드 무비의 주인공은 보통 익숙하고 정해진 삶을 오랜 세월 살아온 인물이다. 아프거나, 갇히거나, 열심히만 살아왔거나, 자신에게 주어진 역할에만 치중하는 등 여러 이유에서 자의나 타의로 길을 떠나본 적이 없는 사람들이다. 그래야 그들이 겪는 새로움이 이전과 선명하게 대비될 수 있기도 하거니와 관객 역시 주인공의 여정을 더욱 응원하게 되기 때문이다. 그리고 무엇보다 익숙한 일상을 살아가는 주인공의 모습은 많은 이들에게 공감대를 불러일으킨다. 당장 우리의 삶을 떠올려 보자. 대부분은 익숙하고 반복된 일상을 살아가고 있을 것이다. 그래서 우리는 이토록 영화 주인공의 여행과 모험에 반응하고 응원하는 것 아닐까?

자, 여기 우리와 아주 닮은 한 사람을 소개하겠다. 먼저 이 사람은 날마다 똑같은 일상을 보낸다. 이동할 장소와 시간대마다 해야 할 일이 짜여 있으며, 일상을 관리해주는 사람의 통제를 받아야 한다. 이러한 것들에서 벗어나지 않기 위해서 계속 되뇌며 정해진 일상을 충실하게 살아간다. 무엇보다 이 인물은 자신이 현재와 같은 삶이 아닌 다른 삶을 살 수 있다고 생각하지 않으며 그런 생각을 해볼 기회조차 제공받지 못한다. 아주 좋아하는 일이 있는데, 영화 〈스타트렉〉 TV 시리즈를 푹 빠져서 보는 것과 〈스타트렉〉의 팬들이 참여하는 시나리오 공모전에 제출할 소설을 쓰는 일이다. 그러나 온종일 이것만 할 수가 없다. 매일 똑같이 정해진 일을 시간에 맞춰 해야 하기 때문이다. 정해진 일을 날마다 반복적으로 잘해내야만 자신이 다른 사람에게 의존하거나 폐를 끼치지 않고 잘 살아갈 수 있다는 것을 증명할 수 있다. 어떤가? 어떤 점에서 나 자신과 비슷하다는 생각이 드는가?

〈스탠바이, 웬디〉의 주인공 웬디는 자폐 소녀다. 자폐라는 말을 듣는 순간, 앞에서 묘사한 닮은 점들이 이질적으로 느껴지는가? 자폐증은 우리 사회에서 장애로 간주된다. 그런데 많은 이들이 살아가는 모습과 너무나도 닮았다. 특히 자폐가 있는 사람은 정해진 것을 훈련을 통해 숙지하고 그것 외의 다른 것은 스스로 절대 할 수 없으며, 다른 것을 하는 것은 위험하다고 여겨지는데, 바로 이러한 점이 이 시대의 청소년들과 닮아 있다. 청소년들에게 그 시기에는 그것만 (예를 들면 공부 같은 것 말이다) 해야 하고 그것 이외에 다른 일을 하는 건 일탈이고 위험한 것이라고 간주하는 것처럼 말이다. 웬디는 시설을 벗어나 언니와 같이 살고 싶다. 조카에게 이모로서 인사도 하고 싶고, 안아주고 싶고, 돌봐주고 싶다. 언니가 가끔 가져다주는 사진 속의 조카 말고 실제 조카의 손을 잡아보고 싶다.

"너는 아이를 돌볼 수 없어."

"아니야, 할 수 있어. 왜 안 된다고 하는 건데? 그걸 어떻게 알아?"

아직 한 번도 해보지 않은 일들을 주변 사람들은 웬디가 하지 못할 것이라고 너무도 확고하게 얘기한다. 할 수 있다고 외치기는 했지만 웬디 스스로도 자신이 잘할 수 있을지 의문이다. 왜냐하면 해본 적도 없고, 자신은 장애인이며, 모든 사람이 할 수 없다고 하니까.

그래서 웬디는 충실하게 훈련받은 대로 다니던 길로 다니고, 요일마다 정해진 색깔의 옷을 꺼내 입고, 절대 가지 말라는 길 건너편으로는 가지 않으며, 같은 시각에 일어나 같은 아르바이트 장소에 가서 매일 똑같은 말을 반복한다.

"어서 오세요. 시나몬 맛보시겠어요?"

매일 똑같은 일상이 반복되는 웬디에게 유일하게 새로운 일은 〈스타트렉〉 시나리오를 쓰는 일이다. 〈스타트렉〉에 기반을 둔 내용이지만, 가상의 현실에서 마음껏 창조가 일어나는 순간이다. 시나리오 속 인물들은 미지의 우주를 탐험하면서 계속 위험에 처하고, 위험 속에서도 "논리적인 결론은 단 하나, 전진뿐입니다."를 외친다. 그렇게 웬디는 하나의 세상을 창조한다. 이제 완성되면 공모전 마감일자에 맞추어 시나리오를 보내기만 하면 된다. 자신이 창조한 우주를 세상에 선보일 그날이 다가오고 있다.

발을 뻗은 만큼이 나의 우주다

영화와 삶이 가장 닮은 점은 '결코 계획대로 되지는 않는다'는 것이다. 예상한 대로 순조롭게 흘러가면 영화로 탄생할 수 없고, 예측된 삶은 삶으로서의 매력을 잃는다. 웬디도 어김없이 순조롭지 않은 사건을 마주한다. 자신이 창조한 시나리오를 공모 마감일에 맞추어 보낼 수 없게 된 것이다. 걸림돌이 된 이 일을 계기로 웬디는 자폐가 있는 사람답게 훈련된 일상을 살아야 하는 본분을 잊고, 자신이 발 딛고 있는 이 우주에서 자신의 발을 뻗어 걷기 시작한다. '스타트렉'이라는 가상의 세계가 아닌 현실에서 말이다. 자신이 쓴 시나리오에 등장하는 주인공이 도무지 상황을 예측할 수 없는 다른 행성에 도착해 온갖 모험과 위험을 겪는 것처럼 웬디는 자신이 사는(혹은 살고 있어야 할) 행성을 벗어나 다른 행성(시나리오 공모를 접수받는 로스앤젤레스)으로 전진하고자 한다.

가장 먼저 해야 할 일은 금기를 깨는 일이다. 절대 대형 마트가 있는 길 건너 거리로 가면 안 된다는 금기를 깨고 웬디는 길을 건넌다. 그동안 길 건너로 한 번도 가본 적이 없으며, 절대 가면 안 된다는 것을 수도 없이 외워왔다. 그리고 지금껏 자신이 그것을 해낼 수 있을 것이라는 생각을 해본 적이 없다. 그런 웬디가 길을 건너 기어이 로스앤젤레스행 버스를 탄다. 사회가 웬디에게 규정해놓은 틀을 넘어 자신의 발을 뻗음으로써 웬디의 세상은 넓어졌다. 자신이 발을 뻗은 만큼 자신의 세상이 된 것이다. 웬디는 로스앤젤레스행 버스를 타본 적이 없는 사람에서 로스앤젤레스행 버스를 타본 사람으로 변화했다.

자, 이제 로스앤젤레스에 도착하면 자신의 세상은 로스앤젤레스까지가 된다. 자신이 쓴 시나리오의 등장인물들처럼 다른 행성을 정복하게 되는 것이다. 웬디는 로스앤젤레스까지 무사히 갈 수 있을까? 로스앤젤레스에 도착해서 시간 내에 시나리오를 접수할 수 있을까? 여러분은 지금 웬디를 응원하고 있는가? 혹시 '이게 무슨 짓이야? 사람들이 걱정하잖아. 지금 당장 돌아와. 자폐가 있는 네가 그걸 해낼 수 있겠어?'라고 생각하지는 않는가?

웬디의 로스앤젤레스행 로드 무비는 전혀 순조롭지 않다. 뜻하지 않게 강아지가 따라나서고, 가는 중간에 강아지가 쉬를 하는 바람에 버스에서 쫓겨나고, 우연히 만난 사람들에게 지갑을 털리고, 다음 버스가 하룻밤이 지나야 오는 바람에 노숙을 한다. 무엇보다 웬디의 언니와 주변 사람들은 난리가 났고, 경찰에 신고가 접수되어 웬디를 원래 위치로 되돌리려는 사람들이 곧 나타날 판이다. 자, 웬디의 여정이 어떻게 될 것 같은가?

웬디는 지금껏 경험해보지 않은 일들을 온전히 겪어낼 뿐 아니라 그 경험을 온전히 자신의 것으로 흡수하며 로스앤젤레스에 도착하게 된다. 여러분은 웬디가 시나리오를 접수하고 나오면서 짓는 그 표정을 봐야만 한다. 이제는 아무것도 하지 못하던, 아무것도 못할 거라는 말에 주눅 들던 이전의 자신과는 달라져 있다는 걸 웬디는 알아차린 것 같다. 본래의 반복되는 일상으로 돌아왔지만 웬디는 이미 같은 일상을 사는 사람이 아니다. 언제든 다른 걸음과 시도를 할 수 있는 사람으로서 일상을 살아가게 된 것이다. 주변 사람들도 웬디에게 다른 기회들을 열어준다. 웬디가 발을 뻗음으로써 주변 사람들 역시 자신들이 웬디에게 선입견이 있었음을 확인했기 때문이다. 웬디는 앞으로 다른 행성으로, 또 다른 행성으로 여정을 계속할 것이다.

아, 그런데 웬디의 공모전 결과가 궁금하지 않은가?

"웬디 씨에게.

스타트렉 '용감한 걸음' 시나리오 공모전에 응모해주셔서 감사합니다.

시나리오를 공유해줘서 감사하다고 말씀드립니다.

귀하가 보여주신 재능과 노고에 감동하였습니다.

안타깝게도 귀하의 시나리오는 우승작들에 포함되지 못했습니다.

하지만 낙심하지는 마십시오.

멈추지 말고 이야기 들려주기를 그치지 마십시오.

훗날 다른 작품으로 만나기를 바랍니다. 그때까지 장수와 번영을!"

웬디에게 공모전 당선이라는 결과는 중요하지 않다. 세상과 주변 사람들이 규정해놓은 일상을 넘어서 다른 경험을 했다는 것이 그 무엇보다 아름다운 결과물이다. 계속 시도하다 보면 우승이든 우승이 아니든 여러 결과물을 자연스럽게 만날 것이다.

우리는 흔히 해보고 싶다고 생각하는 것을 실행하기에 앞서 머릿속으로 예측할 때 일직선으로만 예측하곤 한다. '이렇게 해서 이렇게 하면 이렇게 될 거야.'라는 식으로 말이다. 우리는 미래에 가보지 못하기 때문에 그 시도를 통해 만날지도 모르는 경험까지 예측하기 어렵다. 어떤 사람을 만날지, 어떤 도움을 받을지, 어떤 어려움에 봉착할지, 어떤 행운을 만날지…. 오직 시작에서 끝으로 이어지는 예측에서는 결과에만 집착하게 된다. '이렇게 이렇게 했는데 안

되면 어떡하지?'처럼 '안 되면'이 중심으로 보인다. 결과가 좋지 않을 가능성이 크면 시도해봐야 무슨 의미가 있을까 하고 말이다. 그러나 의미는 결과에서 얻어지는 것이 아니라는 걸 웬디가 보여준다. 웬디의 목적지는 시나리오에 당선되어 그 상금으로 언니와 같이 살면서 조카를 보는 것이었지만, 그건 시도하기 전에 지녔던 단순한 일직선상의 목적이었다.

웬디는 자신의 여정에서 세상에는 팍팍한 사람도, 돕는 사람도, 예측이 어려운 일도 있음을 알게 된다. 그리고 자신이 예기치 못한 상황을 넘어갈 줄 안다는 것과 그러한 일을 해내는 과정에서 자기 자신을 신뢰하게 된다는 점도 깨달았다. 자기 자신을 신뢰하는 힘은 다음 행성으로 발을 뻗을 때 가장 든든한 힘이 된다. 이전의 웬디는 아무것도 할 수 없는 아이라서 훈련된 일상을 반복했지만, 지금의 웬디는 무엇이든 할 수 있는 아이라서 지금의 일상을 기꺼이 살아간다. 어쩌면 웬디는 '본래 자신의 모습'을 발견한 건지도 모르겠다. 세상도, 주변 사람들도, 자기 자신도 미처 발견하지 못했던, 본래 지니고 있던 자기 자신의 힘 말이다.

우리의 삶은 이 지구라는 행성을 발견하는 여정을 통해 '나'라는 행성을 발견하면서 채워지는 것이 아닐까? '나'라는 행성을 제대로 탐험하기 위해서 발을 뻗으면, 뻗은 만큼이 나의 세상이 된다. 뻗은 세상 전부가 '나'가 된다. 이제 나만의 로드 무비를 시작할 시간이다. START!

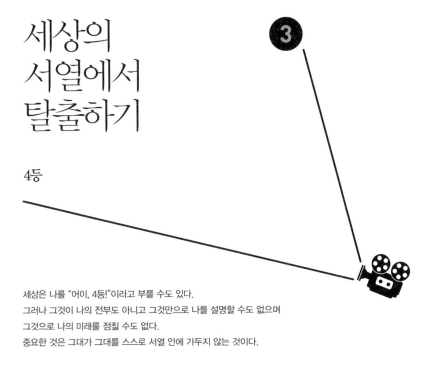

세상의
서열에서
탈출하기

3

4등

세상은 나를 "어이, 4등!"이라고 부를 수도 있다.
그러나 그것이 나의 전부도 아니고 그것만으로 나를 설명할 수도 없으며
그것으로 나의 미래를 점칠 수도 없다.
중요한 것은 그대가 그대를 스스로 서열 안에 가두지 않는 것이다.

영화 〈4등〉은 시작부터 노선을 분명히 한다. 우리가 열렬하게 박
수를 보내고 환호하는 것이 무엇인지 직면하도록 한다. 우리가 열렬
하게 박수를 보내고 환호하는 그곳 어디에도 4등은 보이지 않는다.
금메달을 따거나 혹은 금메달을 연달아 따거나, 안타까운 은메달에
머물거나, 예상치 못했는데 메달권에 들어서 기쁜 동메달을 따는 정
도가 목격된다. 우리가 주로 마주하는 장면은, 올림픽 등에서 금메
달을 딴 이들과의 인터뷰에서 금메달을 딸 줄 알았는지, 기록을 단

축하기 위해 얼마나 노력했는지, 금메달을 따서 기분이 어떤지 등을 묻고 답하는 장면이다. 인터뷰에서 상대에게 하는 질문이 이 종목을 얼마나 사랑하는지, 그것을 할 때 기분은 어떠하며 매일 마음이 행복한지를 묻는 것이라면 꼭 금메달을 딴 선수뿐 아니라 어떤 선수라도 인터뷰 대상이 될 수 있을 것이다. 그런데 오직 금메달을 딴 선수만 인터뷰에 응할 자격이 주어진다.

4등의 의미

우리 사회에 4등을 비출 조명은 없다. 여러분은 경기에서 4등을 한 선수 이름을 기억하는가? 기억나지 않는다면 이 영화의 제목을 왜 4등이라고 정했는지 짐작이 갈 것이다. 만약 준호가 매번 4등을 하지 않고 5등이나 6등, 8등을 했다면 엄마 정애는 메달에 집착하지 않았을까? 4등은, 일반적으로 메달이 주어지는 1등부터 3등에 이은 바로 다음 등수다. 즉 조금만 잘했으면 메달권에 진입할 수도 있는 경계에 있는 등수다. 만약 조금만 더 잘해서 3등을 했다면, 현재의 3등이 4등이 될 터이다. 등수가 있다는 것은 그 등수가 매겨지는 사람들이 거기에 있다는 것이다. 다만, 사람으로 호명되기보다는 등수로 호명되는 것에 익숙해져서 사람이 보이지 않을 뿐이다. 사람의 자리를 메달이 차지하고 있다.

1등을 하기 위해(금메달을 따기 위해) 서로의 행복을 갈아 넣으며 소통과 존중을 배제한 채 맹렬하게 몰아붙이는 것이 교육으로서 가치와 의미가 있는지 영화는 강한 어조로 묻고 있다. 교육이라는 이름 아래 많은 것들이(이를테면 폭력이나 폭력적인 말들이) 허용되는 현실을 보여줌으로써 그 교육이 누구를 위한 것이지 진중하게 묻는다.

영화에서 코치인 광수가 자신의 고수입 과외 일자리를 유지하기 위해서는 준호의 기록을 단축시켜 메달을 따게 만들어야 한다. 자신도 한때 국가대표 수영선수였고 더군다나 체벌 교육의 피해자이자 반발자였으면서 또다시 그러한 방법으로 준호를 때리며 교육한다. 같은 수영선수로서의 이해와 공감은 완전히 제거되고 자신이 겪은 부당함을 그대로 답습하는 모습이다.

엄마 정애는 아들 준호를 누구보다 사랑한다. 그래서 잘되기를 바란다. 준호가 메달을 따면 행복해할 것이라며 메달을 따면 그 좋아하는 수영을 마음껏 하게 해주겠다고 생각한다. 금메달을 따도록 하기 위해서 준호만 괜찮다면, 준호만 참아준다면 체벌 교육을 못 본 척해줄 생각이다. 금메달만 따면 모든 것이 보상이 될 테니까. 교육이라는 이름 아래 가해자와 피해자 그리고 방관자(동참자)가 탄생하는 순간이다. 방관자의 자리에 있지만 준호를 피해자의 위치로 떠민 것은 다름 아닌 엄마 정애라 할 수 있다. 금메달을 따면 준호도 행복해할 거라는 자신이 투사된 감정이입이 결국 준호가 그렇게 좋아하는 수영으로부터 도망가게 하는 것이었음을 알아차리지 못한다.

수영을 좋아하고 물속에서 유영하는 것을 만끽하며 자신만의 물속 세상을 사랑하는 준호의 마음은 4등이라는 서열 앞에서 전혀 존중받지 못한다. 수영을 사랑하는 준호 앞에 어른들이 내미는 것은 오로지 째깍째깍 초시계뿐이다. 순위를 가르는 몇 초 차이를 결정짓는 초시계. 그 초시계 앞에 4등은 그저 초라하고 무기력한 결과일 뿐이다. 여기에서 문제는, 등수에 연연하는 것이 당사자 준호가 아니라는 것이다. 본인도 메달을 따면 좋겠다는 마음에 벽에 메달을 그려놓지만 지금은 그저 수영을 하고 수영대회에 나가는 것이 좋을 뿐이다. 그런 준호를 닦달하면서 메달을 향해 달리게 하는 것은 서열을 중요시하는 사회 인식의 노예가 되어버린 엄마와 어른들이다.

준호는 메달을 따야 자신이 하고 싶은 수영을 계속할 수 있다는 생각에 메달을 따고 싶어 한다. 4등은 이처럼 수영을 계속할 자격마저 잃을 수 있는 위치를 상징한다.

물속 세상에서는 빛을 만질 수 있어

수영 경기는 레인이 정해져 있고, 선수 한 명당 레인 한 개가 배정된다. 레인을 따라 기긱 빠르게 거리를 주파하는 것이 승부에서 관건이다. 그 레인을 벗어나서도 안 되고 다른 레인으로 넘어가도 안 된다. 자신에게 배정된 레인 안에서만 수영하는 것, 그것이 수영 경기의 철칙이다. 그런데 이 레인은 물속으로 깊이 들어갈수록 보이지 않는다. 특히 준호는 물속에서 레인이 아닌 다른 것을 보는 아이다.

"'햇살을 보면, 이게 우주에서 온 거구나, 우주의 기운을 받아서 에너지가 생기는 거야.' 니가 그렇게 얘기했다며? 뻥이지?"

"뻥 아닌데요."

코치의 체벌을 피해 수영복 차림으로 도망쳐서 아빠 회사로 온 준호에게 아빠의 동료가 말을 건넨다. 분명 준호는 물속으로 들어온 그 빛을 사랑하고 빛을 만지며 자신만의 세상을 만난다. 관객들 모두 그 장면을 목격했고 준호의 말이 뻥이 아니란 걸 알고 있다.

물 밖에서는 빛을 만질 수 없지만 물속에서는 빛을 만질 수 있다. 물에 기대어 빛을 구체적인 촉감으로 느끼는 것이다. 준호는 그 촉감을 무척이나 사랑하는 것 같다. 준호의 물속 세상에는 레인이 더 이상 존재하지 않는다. 그저 자신이 만질 수 있는 빛을 따라 유영할 뿐이다. 준호가 레인을 따라 일직선으로 수영하는 장면보다 레인을 가로지르고 넘나드는 자유로운 모습이 더 감동을 준다. 그런 준호의 모습은 준호의 물속 세상에 따라 들어간 관객들만 알 수 있다. 물 밖에서 메달에 집착하는 엄마와 초시계만 들고 있는 코치는 알 수도 없고 본 적도 없는 세상이다.

이 사회에서 살아가는 동안 우리는 사회가 만들어놓은 서열에서 자유로울 수 있을까? 줄 세우는 것, 성적에 따라 진로가 결정되는 것, 좋아하지만 탁월하게 잘하지 않으면 기회가 주어지지 않는 것, 하나를 특출하게 잘해도 평균 점수가 높아야 하는 것, TV 오디션 프로그램에서 여러 등수에게 상품을 나눠주는 것이 아니라 1등에게 몰아주는 것, 1등이 또 1등을 할 거라는 기대를 받는 것, 이러한 것들이 자리 잡은 사회에서 오직 속도를 높이는 것 이외에 누리고 즐기고 행복을 느끼는 것이 설 자리는 어디일까?

"너 진짜 1등 하고 싶었던 적 있어? 없지? 1등 하고 싶어 하는 애들의 눈빛을 봐. 너는 그런 눈빛이 아니다."

코치 광수는 자신을 다시 가르쳐달라고 찾아온 준호에게 묻는다. 그리고 준호에게는 수영에 대한 간절함은 있으나 메달에 대한 간절함은 없다고 말한다.

"난 수영에 소질이 있어. 무엇보다 좋아해. 엄마는 정말로 내가 맞아서라도 1등만 하면 좋겠어? 1등만 하면 다 상관없어?"

영화는 내내 엄마와 광수의 열의와 승부욕을 비추면서 준호를 수동적으로 따르는 아이로 조명한다. 준호는 여러 일을 겪으면서 이제 자신의 관점으로 이야기가 흘러가야 한다는 것을 알아챈다. 그래서 광수가 자신이 국가대표 때 썼던 물안경을 쓰고 수영하면 분명 좋은 결과가 있을 거라고 하지만, 준호는 그것을 쓰지 않는다. 그저 자신의 수영을 하러 출발한다. 영화의 연출력이 돋보이는 장면이 바로 마지막 경기를 끝내고 난 후의 장면이다. 카메라는 내내 타인이 준호를 바라보는 입장을 고수하다가 준호 안으로 혹 들어간다. 경기를 마치고 가쁜 숨을 몰아쉬며 휘적휘적 걷는 준호의 시선 안으로 수영장 바닥과 앞서 걷는 다른 선수들과 전광판이 들어온다. 자신이 1등을 한 것이 표시된 전광판.

"형, 1등 하면 기분이 어때요?"

준호는 누군가의 물음에 답변할 기력도 환호와 기쁨을 드러낼 새도 없다. 지금은 수영을 마치고 나온 이 들뜬 감각을 안정시켜야 하니까. 오직 호흡에만 집중할 뿐.

서열에서 탈출하기

이 영화는 국가인권위원회에서 제작한 영화다. 준호와 준호를 둘러싼 어른들과 사회 인식의 실체를 보여줌으로써 어떤 명분과 평계로 인권이 무시되고 있는지 보여준다.

"네가 무슨 권리로 그만둬?"

준호가 광수의 폭력적인 훈련을 참을 수 없어서 수영을 그만두겠다고 했을 때 엄마 정애가 한 말이다. 정확하게 '권리'라는 말이 등장한다. 그렇다면 잠시, 인권 이야기를 나눠보자. 영화의 등장인물들은 한 인간으로서 각자의 인권을 가지고 있다. 인권은 인간의 존엄성이라는 대전제를 기본 바탕으로 이뤄지는, 인간이라면 모두가 갖는 기본 권리다. 준호, 정애, 광수, 이 세 인물이 가진 권리는 무엇일까?

인권에는 여러 측면이 있으므로 각도를 달리해 이야기해볼 수 있겠다. 여기에서는 인간에게 가장 우선이 되는 권리를 얘기해보기로 하자. 바로 행복할 권리. 스스로도 무시하고 있고 사회 구조가 침범하고 있는 이들의 권리는 바로 행복할 권리다. 셋 중 누구도 행복하지 않다. 3등으로 메달을 땄을 때도 잠깐 기쁠 뿐, 그 기쁨은 곧바로 다음 메달로 이어지는 동력으로 쓰인다. 세상이 정해놓은 서열은 이렇게 인간이 가장 우선적으로 누려야 할 행복할 권리를 침해한다. 우리는 이 침해로 인해 행복은 물론이고 자기 자신을 의심하는 자존의 영역도 침범당한다. 분명 사회의 인식은 바뀌어갈 것이다. 세상 곳곳에서 이런 외침을 하는 이들이 있으니까. 하지만 지금이 그렇지 않다면, 내가 그런 것들에 적극적으로 저항하는 방법은 그 서열 안에 나를 가두지 않는 것이다.

영화에서 준호가 보여주는 모습 중 가장 인상 깊은 장면은, 훈련을 받는 도중에 빛을 발견하고 직진으로 뻗어 있는 레인으로 가는 것을 멈추고 옆으로 가로질러 수영하는 장면이다. 수영장을 물 밖에서 보면 레인이 공고하게 쳐져 있어서 레인을 가로지를 수 있다는 상상을 하기 어렵다. 그것은 타인의 영역을 침범하는 것이기도 하거니와, 동일한 거리와 기준으로 오가야만 서열을 매길 수 있는 분명한 기준을 어기는 것이다. 만약 누군가가 자신에게 부여된 레인을 벗어나 옆 레인으로 간다면 그 사람은 경기에서 실격하고 서열에 오를 자격조차 없어진다. 그러나 자신의 레인을 벗어나지 않고 앞으로만 전진하는 사람은 절대로 다른 사람과 만날 수 없다. 물 안에 함께 있지만 레인이 있는 한 서로 알아갈 기회나 소통할 기회를 가질 수 없다. 곁에 있는 사람들, 빛이 가득한 세상과 조우하기 위해서는 직진이 아니라 레인을 벗어나서 옆으로 이동하고 이동해야 한다. 그것만이 서열에서 탈출할 수 있는 유일한 방법이자 공생과 공존의 길이다.

세상은 나를 "어이, 4등!"이라고 부를 수도 있다. 그러나 그것이 나의 전부도 아니고 그것만으로 나를 설명할 수도 없으며 그것으로 나의 미래를 점칠 수도 없다. 중요한 것은 그대가 그대를 스스로 서열 안에 가두지 않는 것이다.

아, 그리고 중요한 이야기가 있다. '서열을 정하는 방식과 기준이 정당한가?'라는 질문. 이 질문을 끊임없이 하기 바란다. 만약 '수영장 물속에서 빛 찾기'라는 경기였다면 준호는 무조건 1등을 할 것이다. 만약 '수영을 누가 더 사랑하나'라는 경기라면 경기에 참석하는 모두가 1등을 할지도 모른다. 경기의 척도가 이미 정해져 있다고 해서 그것이 옳거나 정답이 될 수는 없다. 오직 빠르기로만 수영 성적을 매기는 것은 지금 기준에서의 서열 정하기일 뿐이다. 그러니 나를 세상이 정해놓은 서열에 내맡기지 말고 서열의 범위보다 더 큰 나 자신을 스스로 신뢰하기 바란다. 정해진 서열 안에서 최선을 다해 1등을 하려고 하기보다는 서열이라는 레인에서 탈출하길 바란다. 그대는 그것보다 훨씬 크고 옳은 존재니까.

희망과 저항의 인문학

　　영화와 인문학을 연결해야겠다는 생각을 하게 된 것은 오롯이 청소년 덕분이다. 얼 쇼리스의 《희망의 인문학》을 읽으면서 이 시대에 인문학이 가장 필요한 사람은 청소년이라는 생각에 닿았다.

　　얼 쇼리스는 미국의 언론학자로서 사회적 약자에게 가장 필요한 것은 경제적 지원이 아니라 인문학 공부라고 얘기한다. 생계 지원이나 경제적 지원은 현재의 삶을 크게 벗어나지 않고 유지할 수 있도록 돕지만, 인문학 공부는 현재의 삶을 '스스로 벗어나고 다음 단계로 나아가는 힘'을 길러준다고 말한다. 얼 쇼리스는 실제로 가난한 이들, 사회적 약자, 노숙인 그리고 재소자들에게 인문학 수업을 하면서 많은 변화를 이끌어낸 실천가이기도 하다.

　　《희망의 인문학》에서 지속해서 언급하는 단어가 바로 '저항'이다. 특히 가난에 대해서 다른 시각으로 구제의 방안을 제시한다. 노숙자와 재소자들에게 직업교육, 즉 경제적인 측면에 대해서만 강조하는 것이 아니라 자신의 삶을 성찰할 수 있는 내면의 힘과 방법을 얘기한다. 사회적 약자에 대한 정책들은 그들을 주체적인 생각을 하는 존재로 보기보다는 경제적 구제와 지원의 대상으로 보고 그에 초점을 맞춘다. 그래서 더 나은 경제 여건을 마련하도록 직업적인 훈련을 제공하는 것에만 집중되어 있다. 인문학은 인간의 삶이 경제적 구제만으로 이뤄질 수 없다는 것을 간파하고 진정한 인간의 삶은 무엇이고, 자신의 삶을 어떻게 해석해야 하는지, 가치 있게 산다는 것이 무엇인지를 조망하게 하다. 사회적으로 정해놓은 인식과 정책에 다른 의식을 갖게 한다는 의미에서 '저항'이라는 용어가 사용되고 있다.

이 시대 청소년들에게 이루어지는 교육 또한 이와 비슷한 면이 있다. 어떻게 하면 자기 삶의 가치와 만날 것인가를 숙고하게 하는 것이 아니라, 청소년기를 미래에 잘살 기 위한 투자의 시기로 보고 이 사회에서 어떤 직업인으로 살아가도록 할 것인가에만 초점을 두고 있다. 이를 바꿀 수 있는 가장 빠른 길은 청소년 스스로 자기 삶의 주인공 이 되는 것이다. 내 삶의 주인공이 되는 일은 경제적, 직업적 훈련으로 되는 것이 아니 다. 삶 전체를 관통하는 자신만의 가치와 진실을 끊임없이 발견해가는 힘이 있어야 가 능하다. 이러한 차원에서 인문학과 철학은 단단한 바탕이 된다.

청소년들과 인문학을 나누고 싶다는 생각이 강해지면서 어떻게 하면 어렵고 광 범위한 인문학에 쉽고 친근하게 다가가도록 할 수 있을까 고민한 끝에 영화를 생각 했다. 영화의 주인공들이 자신에게 강요된 모습 혹은 자신은 하찮은 존재라는 오해에 서 벗어나는 과정을 지켜보면서 우리는 스스로를 들여다볼 통로를 발견한다. 그 통로 는 사유와 성찰이 더해지면서 더 넓어지고 선명해진다. 다른 사람들이, 이 사회가 정 해놓은 통로 말고 나만의 통로를 발견하는 것이 인문학의 초점이자 저항의 힘이라 할 수 있다.

2장

 사람과 사람은 어떻게
연결되는가

우리는 서로 연결되기를 원한다.

사회적 무리 안에서 신체적 안정과 정서적 안정을 꿈꾼다.

퇴출에 대한 두려움, 소외에 대한 두려움,

자신이 무리 안에서 내쳐질지도 모른다는

두려움을 가지고 있다.

사회적
강자들이
해야 할 일

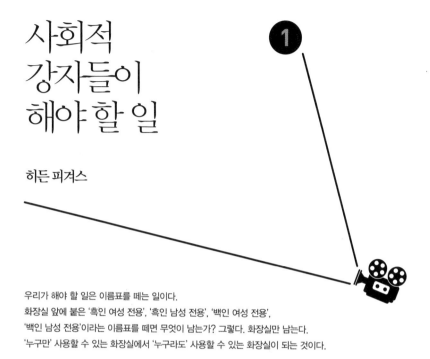

히든 피겨스

우리가 해야 할 일은 이름표를 떼는 일이다.
화장실 앞에 붙은 '흑인 여성 전용', '흑인 남성 전용', '백인 여성 전용',
'백인 남성 전용'이라는 이름표를 떼면 무엇이 남는가? 그렇다. 화장실만 남는다.
'누구만' 사용할 수 있는 화장실에서 '누구라도' 사용할 수 있는 화장실이 되는 것이다.

천재적인 숫자 감각을 타고났고, 어려운 문제 앞에서 조금도 주눅 들지 않는 아이의 미래는 어떻게 펼쳐질까? 어린 나이에 대학생들도 풀지 못하는 수학 문제를 풀고 그것을 쉽게 설명하는 아이의 미래는 어떨까? 아주 유명한 공립학교에 전액 장학금을 받고 입학해 선생님들의 기대를 한 몸에 받는 아이의 미래는 어떻게 될까? 어디를 봐도 모든 풍경이 수학처럼 보이고 눈앞에 보이는 모든 숫자와 계산을 사랑하는 아이는 앞으로 어떻게 살게 될까? 이 아이는 유명한 수학자나 과학자가 되거나, 좋은 회사에 취직하거나, 천재성을 발휘해서 수많은 문제를 해결하는 인재로 성장하지 못했다. 혹시 이유가 뭔지 짐작할 수 있겠는가?

"너에게 불가능은 없어"라는 슬픈 말

한 사람이 출중한 능력을 갖추고 있고, 일을 몹시 사랑하며, 성실한데도 인정받거나 승진하거나 성공하지 못했다면, 그 이유를 어디에서 찾아야 할까? 흔히 그 개인에게 어떤 문제가 있을 거라고 짐작할 것이다. 더 노력하지 않았거나, 소통 능력이 떨어지거나, 불운이 계속되었거나 등의 이유가 떠오를 것이다. 그런데 그런 게 아닌, 이런 이유를 생각해본 적이 있는가?

'여자라서'

'피부색이 검어서'

'계속 임시직이라서'

자신의 능력을 열심히 키우고 노력하는데 성공에 이르기는커녕 아예 어떤 기회조차 주어지지 않는다면 이 얼마나 이상한 일인가? 그런데 이런 일은 역사 속에서 끊임없이 있어왔고 슬프게도 역사 속에서만이 아니라 지금도 계속되고 있다. 여자라는 게, 피부가 검다는 게, 임시직이라는 게 차별의 이유가 될 수 있다는 건 전혀 과학적이거나 논리적이지 않을 뿐 아니라 상식에도 어긋난다. 그런데 놀랍게도 이런 이유로 차별과 혐오가 행해진 역사는 아주 길게 이어져 오고 있다.

영화 〈히든 피겨스〉는 수를 사랑하고 수학을 엄청나게 잘하는 한 여자아이에게 거는 부모와 선생님들의 기대 그리고 주변의 감탄으로 시작된다. 선생님들은 아이가 지닌 능력에 놀라워하며 아이의 미래를 위해 돈을 모아 좋은 공립학교에 보내기를 권유한다.

"따님의 미래를 생각하셔야 합니다."

이 말은 세월이 흘러 무색해진다. 모두의 감탄과 응원을 받으며 자란 여자아이는 놀라운 성적으로 대학교와 대학원까지 졸업하지만, 한 회사의 임시직 전산원으로 일하고 있다. 어릴 적 많은 이들이 기대했던 '따님의 미래'는 사회적 차별이라는 커다란 벽에 막혀 희망을 꿈꿀 수조차 없었다.

"그래도 행복한 줄 알아야지. 너희들은 일이 있잖아."

백인 여자 상사가 이들에게 말한다. 흑인 여성에게 일이란, 할 수 있다는 것만으로도 그저 행복하게 받아들여야 하는 행운 같은 거다. 임시직이라 언제 잘릴지 몰라도, 햇볕이 들어오지 않는 지하 사무실에서 일해도, 밤낮으로 일해야 해도, 충분한 보수를 기대할 수 없어도 말이다. 흑인 여성 대부분이 그나마도 없는 시대였기 때문이다.

이 영화로 많은 이야기를 나눌 수 있지만, 여러분의 생각으로 충분히 채워줄 거라 기대하며 이 책에서는 영화의 두 장면을 통해 사회적 강자가 해야 할 일이 무엇인지 조망해보고자 한다.

먼저 오해를 없애기 위해 '사회적 강자'라는 말에 대해 설명하겠다. 인권을 이야기할 때 '사회적 강자'는 권력자와 기득권층을 가리키는 것이 아니다. 보통 사람들, 즉 일반적인 대중을 일컫는다. 인권 차원에서 정리하자면 사회적 약자를 제외하거나 포함한, 타인을 차별할 수 있는 모든 사람을 사회적 강자라고 한다. 물론 사회적 강자 안에서도 층위가 있을 수 있겠지만 그냥 보통 사람들이 사회적 강자라고 보면 된다.

인권과 관련된 영화는 대개 사회적 약자들이 자신을 향한 차별을 없애고 한 인간으로서 인정받기(이게 인정받을 일인가? 본래 존엄한 인간인데…) 위해서 사회적으로 저항하고 잘못된 의식과 편협한 제도와 싸워나가는 이야기가 주를 이룬다. 그런데 〈히든 피겨스〉는 사회적 약자의 투쟁이 아니라 사회적 강자(보통 사람들)가 해야 할 일이 무엇인지를 선명하게 제시한다. 많은 청소년이 자신은 자라서 사회적 약자가 될 것이라 생각하거나 사회적 약자가 되고 싶다고 꿈꾸지 않는다. 사회적 강자가 될 가능성이 크고 그렇게 되기 위해서 끊임없이 노력한다. 그러하기에 사회적 강자가 갖춰야 할 중요한 인권 의식을 이 영화는 말하고 싶었으리라.

한 사람에게 어떤 차별이 모이는가?

영화의 두 장면 중 하나에 대한 이야기를 먼저 나눠보기로 하겠다. 주인공 캐서린이 항상 출근하던 지하 전산실을 벗어나 미국 항공우주국 나사^{NASA}의 우주선 프로젝트 사무실에 첫 출근을 하는 날로 가보자.

"블라우스보다 스웨터가 좋아. 장신구 금지. 수수한 진주 목걸이는 예외야. 본부장님에게 먼저 말 걸지 마. 전산원이 12개월 동안 12명이나 갈렸어. 여기, 출입증이고, 여기서 흑인 출입은 지금껏 없었어. 내 얼굴에 먹칠하지 마."

백인 여성 직원이 캐서린에게 출입증을 주면서 한 말이다. 이 말에서 어떤 차별을 발견할 수 있는가? 우선 여성 차별이 눈에 띈다. 복장과 장신구에 대한 규정이 있고, 여기에 추가로 꼭 하이힐을 신어야 한다는 규정까지. 1950년대 나사에서는 여성 직원에 대한 복장 규정이 있었던 것으로 보인다.

여성 옷에 관한 규정은 지금 시대에도 곳곳에서 볼 수 있다. 세계적으로 유명한 칸 영화제에서 배우 줄리아 로버츠와 크리스틴 스튜어트가 레드 카펫을 맨발로 걸으며 '노 플랫^{no flat}'이라는 암묵적인 규칙에 대해 항의한 일은 널리 알려져 있다. 실제로 칸 영화제는 2015년에 드레스 코드 규칙을 어겼다는 이유로 플랫 슈즈(낮은 굽의 구두)를 신은 여성들의 입장을 금지해 논란을 빚은 적이 있다. 우리

청소년들과 관련된 복장 논란도 빼놓을 수 없다. 학생들에게만 적용되는 교복에 대한 논란은 여전히 진행 중이다. 남학생은 바지, 여학생은 치마라는 공식이나 교복 재킷을 입어야 패딩 점퍼를 입을 수 있는 등의 규정이 아직도 많은 학교에서 강요되고 있다.

12개월 동안 12명이나 갈렸다는 것에 대해서는 어떤 생각이 드는가? 일자리가 안정적이지 않음은 물론이고, 누군가의 일방적인 지시로 쉽게 일자리를 잃을 수 있다는 사실을 엿볼 수 있지 않은가? 이 부분에서 당시 흑인들이 인종차별과 동시에 노동에 대한 차별까지 겪고 있었음을 보여준다. 흑인은 안정적인 일자리를 보장받지 못했으며 언제 잘릴지 모르는 허드렛일을 주로 했던 것. 인공위성을 개발하는 업무를 하는 사무실에 흑인은 채용되지도 출입되지도 않았던 현실을 그대로 보여준다. 그 다음 장면에서 캐서린이 문을 열고 들어가자 백인 남성 직원이 쓰레기통을 갖다 주면서 '어제 왜 비우지 않았느냐'고 말한다. 사무실 청소 일을 당연히 흑인이 했다는 것을 보여주는 장면이다.

여기서 우리가 주목할 것은 한 사람을 향한 차별에는 여러 차원이 교차한다는 점이다. 캐서린은 사회적 차별의 여러 교차점을 동시에 가지고 있다. 여성이고, 임시노동자이며, 흑인이다. 같은 여성이라도 백인이냐 흑인이냐에 따라, 중산층이냐 저소득층이냐에 따라 차별의 강도는 달라질 것이다. 정규직과 계약직, 임시노동자의 차별은 현시대에도 존재한다. 흑인에 대한 차별 역시 남성 흑인과 여성 흑인은 또 다른 차별의 선상에 놓인다.

만약 캐서린이 장애인이었다면? 아동이나 청소년이었다면? 노인이었다면? 성소수자였다면? 아마도 차별의 목록은 더 추가되었을 것이다. 우리가 인권과 차별을 생각할 때 더 깊이 들여다봐야 하는 것은, 한 인물에게 하나의 차별 요소만 적용되는 게 아니라는 점이다. 한 사람에게 두세 개의 차별이 교차하며, 동일한 이유로 인한 차별 안에서도 층위가 나뉜다. 인권의 문제까지 가지 않더라도, 한 사람이 이 사회에서 어떤 선입견으로 대해지는지 잘 관찰해보면 사람을 좀 더 폭넓은 관점으로 이해할 수 있다.

이제 막 첫 출근길의 출입문 앞에 섰는데, 순식간에 캐서린을 향해 차별들이 날아든다. 그럼 출입문을 같이 열어볼까?

캐서린이 첫 출근을 한 날 일어난 굵직한 차별들을 정리해보면 다음과 같다.

우선, 화장실이 엄청나게 멀리 떨어져 있다. 사무실 가까이에 화장실은 많이 있다. 하지만 흑인 여성 화장실COLORED LADIES ROOM은 나사 내 다른 건물에 있어서 캐서린이 근무하는 사무실에서 800미터, 왕복 1.6킬로미터 떨어져 있다. 화장실을 가려면 하이힐을 신고 그 먼 거리를 뛰어갔다 와야 한다. 흔히 4킬로미터를 걷는 시간을 한 시간 정도로 잡는다. 캐서린이 화장실을 가기 위해서는 약 2킬로미터 왕복 거리를 오가야 하는데 이 시간이 40분 정도 걸린다. 이 때문에 본부장은 캐서린이 쉰다고 오해를 하고 갈등이 증폭된다.

다음으로, 임시 직원에게 보여줄 수 없다며 문서 곳곳을 펜으로 진하게 칠해서 넘긴다. 캐서린의 업무가 숫자 계산인데 숫자 일부를 지운 상태로 넘겨주니 캐서린 입장에서는 계산을 정확하게 하기 어렵다. 캐서린은 정확한 계산을 위해 펜으로 칠해진 부분을 형광등에 비춰보는 등 온갖 노고를 통해 오류를 잡아내고 정확하게 계산을 해낸다.(이 때문에 스파이로 오해받기도 한다.)

또한 본부장이 다른 직원들을 부를 때는 모두 이름을 부르는데 캐서린은 '숫자 취급하는 여자'라고 부르는 것 등 일상의 차별 또한 촘촘하다. 그중에서도 특히 감정이입을 불러일으키는 차별이 커피에 대한 차별이다. 1950년대 후반 미국 사회는 버스 안에서 백인과 흑인의 좌석이 따로 지정되어 있을 정도였기 때문에 직원들은 캐서린이 자신들이 먹는 커피포트에 손대는 것을 꺼린다. 그래서 캐서린이 자연스럽게 커피포트에 담긴 커피를 따라오는 것을 사무실의 백인 남성 모두가 쳐다보는 장면이 나온다. 그리고 바로 그다음 날 '친절하게도' 캐서린만 따로 사용할 수 있도록 'COLORED 커피포트'가 준비되어 있다.

자, 이제 더 중요한 이야기를 하려 한다. 캐서린 입장에서 가장 힘든 차별은 무엇이었을까? 여러분이 캐서린이었다면 무엇이 가장 견디기 힘들었을까? 멀고 먼 화장실? 커피포트? 여성 복장 차별? 임시노동자 차별? 차별당한 경험이 있는 사람들이 가장 많이 꼽는 것이 바로 '시선'이다. 주인공 캐서린은 대부분 백인 남성으로 이뤄진 사무실에서 자신의 동선을 따라 쫓아다니는 시선을 애써 못 본 척하고 짐짓 아무렇지도 않은 듯이 지낸다. 하지만 자신을 이상한(이질적) 존재라는 듯이 쳐다보는 그 시선이 얼마나 불편하고 힘들었을까? 그런 것은 적응되는 것이 아니다. 그런 시선이 쏟아지는 가운데 가능하면 눈에 띄지 않고 조용히 지내려고 고군분투하며 하루하루를 보냈을 것이다. 앞에 나열한 차별들은 캐서린 한 사람에게만 일어난 차별이 아니며, 나사의 백인 남성들이 유난스러운 것도 아니다. 오랜 세월에 걸쳐 의식화된 차별로, '자동적인' 차별이라고 할 수 있다. 존재 자체를 거부하고 배제하는 차별이다.

자, 그렇다면 캐서린에게 가해지는 이런 작고 크고 황당하고 불편한 차별, 과학의 상징인 미국의 나사에서 이루어지는 이 차별을 어떻게 하면 해결할 수 있을까? 곧 인공위성을 우주로 쏘아 보낼 미국 사회 내 사회적 강자들은 자신들이 무슨 실수를 저지르고 있는지 알기나 할까?

사람을 향한 이름표를 떼면 남는 것

차별이 더 가혹한 이유는, 당하는 사람은 알지만 가하는 사람은 자신이 차별하고 있다는 것을 전혀 모른다는 데 있다. 자신들과 다르다는 이유로(혹은 그러한 문화가 형성되어서 자기네가 이상하다는 걸 자각하지 못하고) 흑인이자 여성이며 임시직인 캐서린의 행동을 계속 주시함으로써 부담을 주는 행동은, 자신과는 다른 대상을 그렇게 쳐다봐야 그들과 같은 이상한 사람이 되지 않는다는 생각으로 '훈련된 자'들의 모습이다. 자신들이 무슨 짓을 하고 있는 건지 알아차리지도 못하고, 자신들만이 옳고 우월하다는 착각에 빠져 정작 무엇이 중요한지 알지 못하는 무지의 모습 그 자체다. 알 해리슨 본부장도 그러했다. 인공위성을 우주에 쏘아 올리기 위해서는 정확한 좌표가 필요하고, 그 좌표는 치밀한 계산으로 얻을 수 있다. 시간이 흘러 캐서린이야말로 이런 계산을 믿고 맡길 만한 사람임을 알게 되지만, 그녀가 왜 매일 자리를 비울 수밖에 없는지는 알지 못한다. 사무실 내에 어떤 차별이 존재하는지 같은 공간에 있으면서도 전혀 알아차리지 못한다.

비가 많이 오는 어느 날, 그날 역시 1.6킬로미터 왕복 거리의 화장실을 비를 맞으며 허겁지겁 다녀온 캐서린에게 알 해리슨 본부장이 화를 내며 말한다.

"내가 너무 믿었나? 지금 비상시국인데 하루에 40분씩 도대체 어디서 뭘 하는 거지?"

"화장실이요, 본부장님. 흑인 여성 화장실은 이 건물 안에 없어요. 800미터를 자전거를 타고 갈 수도 없고 하이힐을 신고 뛰어야만 합니다. 그게 어떤 일인지 본부장님은 상상이 되나요?"

그 말을 듣는 본부장의 표정은 분명 아무것도 모르는 사람의 표정이었다. 자신이 모든 것을 다 갖춘 환경에 살고 있어서 알지 못했을 것이다. 아니 모든 환경이 자신들에게 맞춰 구성되어 있어서 그 환경이 적용되지 않는 사람들이 어떤 일을 겪어야 하는지 알지도 못했고, 알 수도 없었고, 알려고 하지도 않았다.

계단을 뛰어 올라갈 수 있는 사람은, 자판기 음료수 항목을 어렵지 않게 읽을 수 있는 사람은, 밤길을 걸으며 두려움에 휩싸여보지 않은 사람은, 나의 걷는 속도가 건널목 신호등 속도를 너끈히 이기는 사람은, 엘리베이터 거울이 까치발을 하지 않아도 보이는 사람은, 그렇지 못한 사람이 어떤 일을 겪어야 하는지 알지 못하고 알 기회도 얻지 못한다. 심지어 자신이 모른다는 점을 반성하기는커녕 그들을 이상하게 바라보는 시선으로 차별을 정당화한다.

이 영화에서 두 장면을 살펴보기로 한 것 기억하는가? 이제 남은 한 장면의 이야기를 나눌 차례. 이 장면을 여러분과 나누는 것이 몹시 기대된다. 과연 얼마나 많은 이들이 이 장면이 상징하는 깊은 이야기를 알아채고 있으며, 이 장면을 자신의 것으로 만들고 있을까? 이 장면의 속내를 제대로 읽어낸다면 자신의 무지를 스스로 눈치 챌 기회가 생길지도 모른다는 희망이 일었다.

"쿵, 쿵, 쿵, 쿵"

흑인 전산원들이 모여 있는 건물 지하에 둔탁하고 큰 소리가 울린다. 쿵쿵쿵. 쇠로 쇠를 두드리는 소리, 무언가를 때리고 부수고 떼어내는 소리가 분명했다. 장면으로 들어가 보자. 그 소리를 내는 인물은 알 해리슨 본부장이다. 커다란 쇠망치로 흑인 여성 전용 화장실 앞에 붙어있는 '흑인 여성 전용' 화장실 표시판을 때리고 있다. 목적은 오직 하나, 그 표시판을 떼어내는 것. 그 모습을 흑인 여성 전산원들과 나사의 직원들이 지켜보고 있다. '도대체 뭘 하는 거지?' 하는 표정으로 쿵쿵 소리에 놀라며 바라보고 있다.

드.디.어, '흑인 여성 전용' 화장실 표시판이 바닥에 떨어졌다. 본부장은 그 표시판을 주워들고 유유히 사람들 틈으로 사라진다. 아, 사라지기 전 영화답게 멋지게 한 말씀!

"이제 나사에 흑인 전용 화장실도, 백인 전용 화장실도 없어. 급할 땐 어디든 가. 사무실에서 가장 가까운 곳으로."

그가 한 일은 무엇인가? 그는 무지에서 실행으로 몇 단계를 건너뛰었다. 그가 능력이 뛰어나거나 특별해서가 아니다. 누구나 이 몇 단계를 건너뛸 수 있다. 이것만 하면 된다. 이름표를 떼는 일. 우리는 우리 자신을 포함하여 많은 사람에게 이름표를 붙이고 그에 따라 분류를 한다. 복지를 위해서이기도 하고 행정상 필요해서이기도 하다. 그런데 이 분류가 그 대상을 규정하는 이름표가 되어 낙인으로 작동한다. 낙인은 한자로 '지질 낙(烙), 도장 인(印)'이다. 어떤 사람을 '이런 사람'이라고 지워지지 않게 도장으로 새기는 것이다.

우리는 누군가를 보면서 수없이 이런 일을 하고 있다.

2020년 2월, 오랜 꿈이었던 쿠바 여행을 드디어 가게 됐다. 인천공항에서 출발하면서 확인한 코로나 확진자 수는 34명, 긴 비행을 한 뒤 와이파이가 되지 않는 쿠바에서 잠깐씩 인터넷에 접속해 확인해보니 코로나 확진자는 계속 늘고 있었다. 쿠바 여행 10일째에 34명이던 확진자가 3,000명이 되었다. 그제야 우리는 알아차렸다. 쿠바는 세계 여러 나라 사람들이 모이는 곳이고 특히 유럽인들이 많은데, 그들은 여행객 중 유일한 동양인인 우리를 유심히 쳐다봤고 결코 그 눈길을 거두지 않았으며 자기네들끼리 귓속말을 했다. '동양인이 별로 없어서 그런가 보다'라고만 생각한 우리는 중국과 한국에서 코로나 확진자 수가 급증하고 있다는 기사를 보고서야, 그들의 눈빛이 차가운 이유를 알았다. 우리가 앉는 자리 근처를 인상을 쓰며 피하는 사람도 있었다.

'아, 이들은 우리를 '코로나'로 보고 있구나.'

하루하루 지날수록 그들의 눈빛은 더 차가워졌으며 경계의 날이 서 있었다. 눈길을 전혀 거두지 않으면서 귓속말하는 그들의 모습을 보면서 우리는 우리가 그 자리에 있으면 안 되는 존재로 느껴졌다. 그제야 어렴풋이 알 것 같았다. 차별을 받는다는 것은 단순히 불편한 것이 아니라, 내 존재 자체를 부정당하는 느낌이라는 것을 말이다.

사람에게 이름표를 붙이는 순간, 대부분의 사람들은 그 이름표를 넘어서지 못한다. 그 이름표가 그 사람의 전부도 아니고 충분히 설명해줄 수 없는 것임에도 그 이름표가 전부인 양 타인을 인식하게 된다. 그것은 타인을 차별하는 행위인 동시에 나에게 기회를 박탈하는 행위이기도 하다. 이름표를 넘어서 그 사람과 '사람 대 사람'으로 연결될 기회를 잃게 되는 것이다.

청소년들에게도 수많은 이름표가 붙여진다. 모범생, 문제아, 비행 청소년, 공부 잘하는 애, 다문화 청소년, 특수아동, 중2병, 저소득층, 교육복지대상, 학업중단위기 학생 등. 사회적 강자와 사회적 약자를 알아내는 방법 중 하나는 어디에 이름표가 많이 붙어있는지를 보는 것이다. 대개는 사회적 강자가 사회적 약자를 향해서 이름표를 붙인다. 그래서 어른보다는 아이들에게, 남성보다는 여성에게, 성다수자보다는 성소수자에게, 비장애인보다는 장애인에게 이름표가 더 세밀하게 붙어있다.

우리가 해야 할 일은 이런 이름표를 떼는 일이다. 사람을 이름표로 구분하지 않는 것. 누군가에게 이름표를 붙이는 한, 어떤 사람도 제대로 이해할 수 없으며 연결되기 힘들다. 화장실 앞에 붙은 '흑인 여성 전용', '흑인 남성 전용', '백인 여성 전용', '백인 남성 전용'이라는 이름표를 떼면 무엇이 남는가? 그렇다. 화장실만 남는다. '누구만' 사용할 수 있는 화장실에서 '누구라도' 사용할 수 있는 화장실이 되는 것이다.

사람 앞에 붙은 이름표와 수식어를 빼면 무엇이 남는가? 맞다.

'사람'이 남는다. 사람. 사람이 사람을 대하는 데 있어 이상한 것과 구분되어야 할 것과 달라야 할 것은 없다.

여러분은 모두 사회적 약자가 아니라 사회적 강자를 꿈꿀 것이다. 우리는 이미 타인을 규정할 수 있는 사회적 강자들이다. 이름표를 떼는 일부터 시작해야 하고 이것이 전부다. 이름표에 속아서 그를 이해할 좋은 기회를 스스로 잃어버리지 말기를….

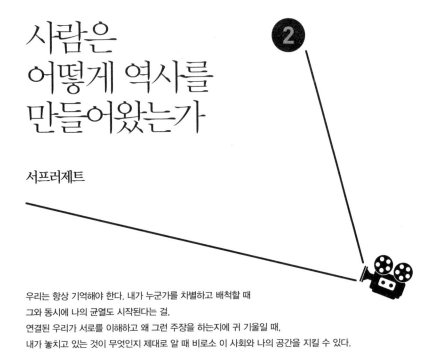

사람은
어떻게 역사를
만들어왔는가

서프러제트

우리는 항상 기억해야 한다. 내가 누군가를 차별하고 배척할 때
그와 동시에 나의 균열도 시작된다는 걸.
연결된 우리가 서로를 이해하고 왜 그런 주장을 하는지에 귀 기울일 때,
내가 놓치고 있는 것이 무엇인지 제대로 알 때 비로소 이 사회와 나의 공간을 지킬 수 있다.

  역사에 대해 들은 말 중에 가장 좋은 말은 '역사의 긍정성'이다.
역사를 공부한 사람들은 이 '긍정성'을 믿게 된다고 한다. 역사 사
료를 연구하다 보면 결국은 역사가 긍정적인 방향으로 흐른다는 걸
알게 되기 때문이다. 수많은 혁명과 저항이 당대에는 이뤄지지 않을
지라도, 수많은 사람이 세상에 외친 소리가 그들 생애에는 정당한
답변을 듣지 못하였더라도 분명 역사는 좋은 방향으로 흐른다고 말
한다. 예상보다 속도가 너무 느리거나 가끔은 퇴행하기도 하지만 결

국은 외침이 세상에 닿는다는 것이다. 우리가 서 있는 이 세상이 역사 속 사람들의 외침 위에 이루어진 것임을 기억하는 것, 우리 역시 그들처럼 세상을 향해 소리를 내고 글을 적고 외롭더라도 나아가야 한다는 것, 시작도 하기 전에 안 될 거라 생각하지 않는 것, 결국은 이루어지고야 만 역사의 과정을 보는 것. 이러한 것들이 중년이 된 나에게도 이 시대를 살아갈 희망을 주고 동기부여가 된다.

한 사람이 역사의 시작이자 과정이다

일제강점기에 목숨을 걸고 독립운동을 한 많은 이들이 있다. 영화 〈암살〉을 보면 임시정부 요원이었다가 동료들의 정보를 팔아넘기는 밀정이 되는 염석진(배우 이정재가 연기한 인물)이 "해방될 줄 몰랐다."라는 대사를 한다. 이 말만 봐도 알 수 있듯이 그 시절에는 해방과 독립이 결코 희망적이지 않았다. 그런데도 끊임없이 자신의 모든 것(목숨을 포함해)을 다 바쳐서 독립운동을 한 사람들이 있었다. 그들은 모두 해방된 나라를 목도했을까? 독립을 이룬 대한에서 자신들이 투신한 운동의 결과를 누렸을까? 우리가 익히 알고 있는 유관순 열사, 윤봉길 의사, 이봉창 의사(*열사는 주로 맨몸으로 저항하다 의롭게 죽은 사람을, 의사는 주로 무력으로 항거하다가 의롭게 죽은 사람을 가리킬 때 쓴다.)는 1945년 8월 15일의 광복과 광복 이후의 삶을 살아보지 못했다.

"둘을 죽인다고 독립이 되냐고? 모르지. 그치만 알려줘야지. 우린 계속 싸우고 있다고."

영화 〈암살〉에서 안옥윤이 한 대사처럼 당대에는 도무지 이루어지지 않을 것 같고 말도 안 되는 것 같더라도 세상에 자꾸 말을 건네고, 끊임없이 질문을 던지고, 안 들으면 들을 때까지 외치는 일. 그런 일을 이루어낸 것은 다름 아닌 한 사람 한 사람의 자유의지였고, 그 사람들의 힘으로 역사는 이루어졌다. 독립운동을 한 이들은 해방된 세상을 누리지 못했지만 결국은 광복이 되었고 우리가 그것을 누리고 있다는 것이 바로 역사의 긍정성이라고 할 수 있다.

우리는 어떤 역사의식을 가져야 할까? 분명 '나'라는 존재는 역사의 한 장면 안에 개인이자 시민으로 살아가고 있다. 그렇다면 역사의 한 부분이며 주체이기도 한 나는 어떤 역사의식을 가져야 할까?

영화 〈서프러제트〉를 볼 때 기대했던 것은 '여성 참정권 운동'이라는 역사적 사실에 대한 이해였다. 그런데 이 영화가 담고 있는 것은 여성 참정권 이야기나 성평등이나 젠더 의식에 관한 이야기만이 아니다. 현재와 지난 역사가 어떻게 연결되어 있는지, 그리고 내가 미래의 역사와 어떻게 연결되는지를 보여준다. 나라는 한 사람은 그저 작은 점에 지나지 않는다고, 수많은 인류 중 한 개인에 불과하다고 생각할 수 있다. 나 하나의 힘이 길고 긴 역사에서 아무런 힘을 발휘하지 못한다고 생각할지도 모른다. 그렇게 생각하는 것이 겸손

하고 타당하며 사실인 것처럼 느껴진다.

민주주의에서 가장 평등하다고(어떤 사람들은 유일하게 평등하다고 표현하기도 한다) 말하는 국민 1인당 1표씩 행사할 수 있는 지금의 투표권이 누군가의 외침과 누군가의 투쟁과 누군가의 희생으로 이뤄졌다는 사실을 아는가? 그의 이름은 무엇이며, 그는 어떤 일을 겪었고, 역사는 그 일을 어떻게 기록하고 있는지 아는가? 분명 역사를 거슬러 올라가면 모두에게 투표권이 주어지지 않는다는 것에 의문을 품은 한 사람에게서 시작됐을 것이고, 그 한 사람의 의문에 지지를 보내는 또 다른 한 사람이 생겨나면서 지금으로 이어졌을 것이다.

그렇다면 참정권의 역사는 지금 시대에 마지막 목표에 다다른 것일까? 인구의 5%인 귀족과 토지 소유자에게만 투표권을 부여했던 역사가 있었다. 재산과 상관없이 노동자들에게도 투표권을 달라는 차티스트 운동이 일어난 역사가 있었고, 노예제도가 폐지되면서 흑인도 드디어 투표권을 갖게 된 역사가 있었다. 투표권이 30세 이상의 여성에게만 주어진 역사가 있었고, 가장 최근에는 우리나라에서도 투표권 나이를 하향 조정하는 역사가 있었다. 더 세세하게 들어가면 흑인 전체가 투표하기까지의 긴 역사가 있었고, 여성이 남성과 같은 나이에 투표권을 얻기까지의 긴 역사가 있었다. 나라마다 시작과 과정이 달랐고 그 모든 순간에 길고 긴 투쟁의 역사가 있었다. 긴 투쟁 속에 '사람'이 있었다.

역사는 무엇을 통해 흐르는가?

'서프러제트'라는 말은 참정권을 뜻하는 '서프러지^{Suffrage}'에 여성을 뜻하는 접미사 '-ette'를 붙인 말로, 20세기 초 영국에서 일어난 여성 참정권 운동과 그 운동가들을 가리키는 용어다. 〈서프러제트〉는 역사적 사건을 바탕으로 한 영화로, 서프러제트의 수장 역할을 맡은 팽크허스트나 국왕의 말에 몸을 던진 에밀리 데이비슨 등은 실존 인물이다. 〈서프러제트〉의 주인공인 모드는 가상의 인물로, 세탁 공장에서 일하면서 남성보다 낮은 임금을 받지만 자상한 남편과 조지라는 아들과 아주 평범하게 살아가는 당대 여성 노동자의 모습을 대변한다.

모드는 서프러제트에 대해 호기심과 동시에 경계심을 가지고 있으며, 자신은 그런 운동과는 거리가 멀다고 생각한다. 영화는 모드가 자신의 삶에서 정당하지 않은 부분을 발견하기 시작하면서 변하지 않는 여성의 삶에 주목하고 서서히 서프러제트가 되어가는 과정을 보여준다. 모드는 투표권을 원한다는 것만으로 가족과 이웃에게 배척의 대상이 되고 경찰이 주시하는 인물이 된다. 그러다 남편에게 쫓겨나는 일을 겪으면서 세상이 자신의 권리를 어떻게 막는지를 경험한다. 서프러제트 운동이 한창이던 시절에는 참정권에 관심을 가진 여성들보다 그들을 경계하고 자신과는 상관없는 일이라고 생각한 여성들의 수가 더 많았을 것이다.

"부끄러운 줄 알아야지."

모드가 서프러제트 활동을 한다는 것을 알게 된 주변 동료들이 모드에게 한 말이다. 그들은 당시의 상황에서 그냥 그대로 사는 것에 익숙해져 있었을 것이다. 자신이 아이에 대해 아무런 권리도 없고 자신의 의사와는 상관없이 아이를 빼앗길 수 있음을 알게 된 모드나, 국왕 소유의 말에 몸을 던진 에밀리 데이비슨의 희생이 있기 전까지는 말이다. 또 다들 그렇게 사는데 뭘 그리 유난이냐고 생각하거나, 무얼 하든 바뀌지 않을 거라고 생각했을 것이다.

이 영화는 주인공 모드가 변화하는 과정을 관찰자 시점으로 따라간다. 그러면서 한 사람이 역사의 흐름에 어떻게 참여하고, 어떻게 역사의 한 부분이 되는지 조망한다. 앞장서서 역사를 만들어온 사람들이 타고나기를 투쟁적이거나 리더십이 뛰어난 사람들이 아니라 아주 평범하며 지금 시대 여기에 있는 나와 크게 다르지 않다는 걸 발견할 수 있다. 영화는 나와 크게 다르지 않은 사람들이 역사를 이끌어왔고 역사 곳곳의 획을 그었다는 것을 보여준다. 그럼으로써 지금의 나 역시 역사에 참여하고 있으며 역사의 흐름을 빠르게 만들 수 있는 인물이라고 말하고 있다.

세탁공장에서 일하는 평범한 노동자인 모드는 서프러제트 활동에 참여한다는 것만으로 주변 사람들과 경찰에게 경계 대상이 된다.

"투표권? 당신이 그걸 가지고 뭘 하게?"

모드를 사랑하며 다정했던 남편이 내뱉는 이 말은 모드를 남성인 자신과 다르다고 생각하고 있었음을 드러낸다. 그의 자상함은 아내를 한 사람으로서 존중하는 것에서 비롯된 것이 아니었다. 이를테면 자신은 아내를 단속해야 하는 남편이고 아내는 단속받아야 할 대상이라는 생각이 깔려 있다.

"투표하지. 당신처럼."

모드의 대답이다. 재산이 있는 사람들이 투표하는 것처럼, 모든 성인 남성이 투표하는 것처럼 자신 역시 투표권으로 한 표를 행사하는 '시민'이 되겠다는 선언이다. 누려야 할 권리가 얼마나 일상적이고 자연스럽게 무시되어왔는지 보여주는 장면이다.

역사를 문장으로 서술할 때 동사형 표현을 쓴다. '흐른다'라고. 역사는 어떤 것을 지칭하는 명사가 아니라, 살아있으며 역동적인 그 무엇이다. 이 순간에도 역사는 흐르고 있고, 그 흐름은 단순히 시간의 순차가 아니다. 역사는 인간에게서 인간으로 이어지는 이어달리기처럼 흐르고 있고, 한 인간으로서 우리 저마다의 손에는 역사라는 바통이 쥐어져 있다.

흐르는 것이기 때문에 앞 역사와 뒷 역사가 동시에 존재하기도 한다. 마디가 정확하게 나뉘는 것이 아니라, 흐름의 끝자락과 또 다른 흐름의 시작이 동시에 존재한다. 예를 들면, 어떤 학교에서는 학생의 두발과 용모를 통제하고, 어떤 학교에서는 학생의 인권 차원에서 자율성을 보장한다. 심지어 어느 지역은 학생인권조례가 몇 년째 통과되지 못하고 있기도 하다. 우리는 분명 같은 시대를 살고 있지만, 청소년 인권 역사의 흐름에서 보면 길게는 10~20년 동안 서로 다른 역사가 동시에 존재하기도 한다. 이는 인권과 관련해 곳곳에서 드러나는 현상이다. 심지어 어떤 곳에서는 한 세대가 지날 때까지 그대로 멈춰있기도 하다. 특히 한 사람의 인권이 무시되고 있다는 것을 알아차리지 못하고 변화의 소리를 내지 않는 곳에서는 더더욱 그렇다. 자칭, 타칭으로 선진국이라 불리는 우리나라 전체를 보면, 사회복지가 놀라울 만큼 발전되어 있는 부분이 있는가 하면 취약하기 이를 데 없는 복지의 사각지대가 발견되기도 한다. 국가의 의료 정책은 앞서가고 있지만, 노동자 안전과 재해 문제에 있어서는 후진국 수준을 면치 못하고 있는 것처럼.

우리가 역사를 공부해야 하는 이유는 역사 속 실수를 반복하지 않거나 교훈을 얻기 위해서만이 아니다. 지금 이 땅 위에 발붙이고 서 있는 '나'라는 존재가 역사를 흐르게 하는 한 사람으로 살아가고 있음을 알아차리기 위해서이기도 하다. 내 손에 들려있는 이 바통을 쥐고 어떻게 달리고, 어떻게 이을 것인지 역사의 주체로서 생각해야 한다. 〈서프러제트〉의 등장인물들은 끊임없이 이렇게 이야기한다.

"저항하십시오."

"투쟁을 멈추지 마세요."

"세상에 소리치세요."

역사의 한 지점을 영화로 만들면서 우리가 의도하든 의도하지 않든 모두가 역사의 참여자라는 것을 알려주고 싶었으리라.

타인을 향한 차별은 나의 균열로 되돌아온다

이 영화에서 모든 사람이 주목했으면 하는 장면이 있다. 여성의 권리와 성평등과 참정권에 국한된 이야기가 아니라는 것을 보여주는 장면이다. 우리 모두가, 이 사회가 어떻게 이루어져 있는지를 보여주는 장면이기도 하다. 주인공 모드가 서프러제트 활동을 본격적으로 하게 되면서 남편과 이웃들은 모드를 완전히 배척한다. 지나가기만 해도 경계와 혐오의 눈길로 쳐다보고, 남편은 집에서 내쫓은 것도 모자라 아들인 조지를 마음껏 만나지도 못하게 하며, 모드의 활동을 끝없이 경멸하고 이해하려고 하지 않는다. 모드는 아들을 몰래 만나고 창 밖에서 애정을 표현하면서 아들에 대한 사랑을 지키기 위해 고군분투한다.

그러던 어느 날, 아들 조지의 생일을 맞아 모드는 생일선물을 전해주러 집으로 간다. 모드가 아들을 만나게 해달라고 하는데 남편의 행동이 어딘가 이상하다. 지금은 안 된다면서 옷은 또 말끔하게 챙겨 입었다. 뭔가 이상한 낌새를 챈 모드가 집 안으로 들어가 보니 조지를 데려갈 부유해 보이는 한 부부가 서 있다. 남편이 모드의 동의도 없이 아들 조지를 입양 보내기로 한 것이다.

모드는 안 된다며 화를 내고 오열하지만 모드가 할 수 있는 일은 없다. 아이에 대한 어떤 법적 권리도 없는 '여성'이기 때문이다. 앞으로 영원히 만나지 못할 수도 있는 아들에게 모드는 '모드 왓츠'라는 자신의 이름을 잊지 말라며, 꼭 기억해달라는 간곡한 부탁만을 반복한다. 그리고 간절한 마음으로 평생 두 번 다시 못 할 수도 있는 뽀뽀와 포옹을 한다. 아들이 다른 부부를 따라 떠난 뒤 모드는 마음이 찢어지는 듯한 고통을 느끼며 눈물을 흘리는 것 말고는 달리 그 무엇도 할 수 없는 무력한 상황에 몸부림친다.

차별은 단순히 어느 한 사람에 대한 배척이 아니다. 차별은 그 차별이 벌어지는 사회 전체를 무너뜨린다. 자상했던 남편은 모드에게 투표권이 왜 필요하냐며 이해하려고 하지 않고 배척하고 소외시킨다. 그런데 이로 인해 모드만 배제되고 밀쳐지는 것이 아니라 결국 그 자신도 가족의 해체를 겪어야 했다. 혼자서는 아이를 키울 자신이 없어서 사랑하는 아들과 생이별을 겪어야 했다. 아들 조지는 어떠한가? 저녁이면 자신에게 끝없이 사랑을 표현해주던 엄마와 아빠를 더는 볼 수 없다. 이 가족은 해변 한번 놀러갈 수 없는 형편이었지만, 저녁이면 장난과 웃음을 주고받고 다정하게 말과 걱정을 건네는 사이로, 가족이라는 결속이 있었다. 아내 모드가 왜 그토록 투표권에 몰입하는지, 불평등이 왜 지속되는지에 관심을 두기보다 평등을 요청하는 아내를 소외시킴으로써 가족은 해체되고 말았다. 그는 자상한 남편 역할도 다정한 아빠 역할도 모두 잃었다.

우리가 누군가를 차별하고 혐오하고 배척하는 것이 단순하게 보면 그들을 배제하고 몰아세우는 것처럼 보일지 모른다. 하지만 그것은 실은 이 사회가 균열을 겪고 있다는 증거나. 그 균열은 서서히 혹은 매우 빠르게 내가 서 있는 자리까지 무너지게 한다. 우리를 지탱하고 있는 이 사회는 차별과 혐오가 많아질수록 균열로 인해 불안정해지고 기우뚱거린다. 사회가 불안정하다는 건 개인의 삶도 불안정하다는 뜻이다. 우리 사회는 연결되어 있기에 어느 한쪽이 무너지면 다른 쪽 또한 무사할 수 없다. 우리는 항상 기억해야 한다. 내가 누군가를 차별하고 배척할 때 그와 동시에 나의 균열도 시작된다는 걸. 연결된 우리가 서로를 이해하고 왜 그런 주장을 하는지에 귀 기울일 때, 내가 놓치고 있는 것이 무엇인지 제대로 알 때 비로소 이 사회와 나의 공간을 지킬 수 있다. 차별과 혐오는 타인만이 아니라 나 스스로를 향하는 것이기도 하다. 차별과 혐오를 멈추는 것은 타인이 아닌 나에 대한 공격을 멈추는 것임을 잊지 말아야 한다.

서프러제트인 에밀리 데이비슨은 1913년 더비 경마대회에서 영국 국왕 조지 5세의 말에 몸을 던진다. 국왕이 참관하는 이 경마대회는 국내외 언론과 카메라가 집중되고 어마어마한 사람들이 참여하는 행사였다. 국왕의 말에 부딪힌 에밀리 데이비슨의 외투에서는 여성사회정치동맹WSPU, Women's Social & Political Union이라고 적힌 깃발이 발견되었다. 주인공 모드는 에밀리의 죽음을 통해 참정권 투쟁은 거대한 역사가 아니라 일상의 구원임을 깨닫는다. 법적으로 아무런 권리가 없어서 아이를 속수무책으로 뺏기고, 공장에서 일하는 경우 낮은 임금과 척박한 노동환경으로 조기 사망하며, 공장 권력자의 성희롱과 폭력에 지속해서 노출되고, 여성과 남성 그리고 여성과 여성 아니, 사람과 사람 사이를 끝없이 갈라놓는 상황에 놓이며, 본인의 의견이 철저히 무시되는 일상성을 알아차린다. 그래서 모드는 지금 당장 자신이 할 수 있는 일을 하기로 한다. 자신이 어린 시절 그러했던 것처럼 공장 권력자에게 희롱당하는 열두 살 매기의 손을 잡고 세탁공장을 나서는 것. 가장 가까이에 있는 사람부터 우선 구출하자는 마음이었을까? 혹은 어렸기에 자기 자신을 보호하지 못한 어린 날의 자신을 구원하고 싶었던 걸까?

모드는 다시 거리로 나선다. 이전에는 스무 명이었지만 이제는 이천 명, 이만 명이 되어 있는 서프러제트들 사이로.

"저항하십시오."

"투쟁을 멈추지 마세요."

"세상에 소리치세요."

나라별 여성 참정권 시행 연도

뉴질랜드 1893년

호주 1902년

노르웨이 1913년

핀란드 1906년

덴마크 1915년

독일 1919년

스웨덴 1921년

캐나다 1918년

영국 1928년

미국 1920년

필리핀 1937년

프랑스 1944년

일본 1945년

인도 1950년

이탈리아 1945년

대한민국 1948년

그리스 1952년

이집트 1956년

스위스 1971년

바레인 2002년

이란 1963년

카타르 1999년

쿠웨이트 2005년

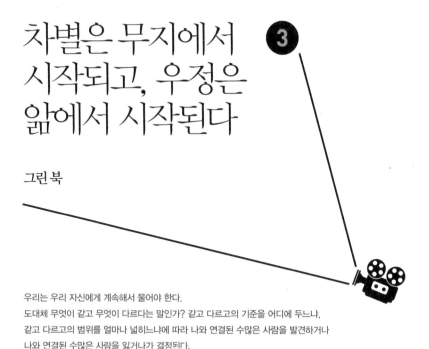

차별은 무지에서
시작되고, 우정은
앎에서 시작된다

그린 북

우리는 우리 자신에게 계속해서 물어야 한다.
도대체 무엇이 같고 무엇이 다르다는 말인가? 같고 다르고의 기준을 어디에 두느냐,
같고 다르고의 범위를 얼마나 넓히느냐에 따라 나와 연결된 수많은 사람을 발견하거나
나와 연결된 수많은 사람을 잃거나가 결정된다.

세상에는 수많은 우정이 있다. 아니, 이 말을 다시 정정해보겠다. 세상은 우정으로 이루어져 있다. 영화 〈그린 북〉으로 나누고 싶은 얘기는 바로 세상을 이루는 우정에 관해서다. 우리는 의도와 목적이 관여되지 않은 여러 우정을 만들어왔고(의도와 목적이 관여되면 이미 우정이 아니다) 만들어가고 있다. 나 역시 또래 친구와의 우정이 전부였던 시절이 있었고, 그 이후로는 사랑하는 사람이 내 인생에서 전부라고 생각한 시절이 있었다. 그런 시기를 지나 지금은 다시 우정이

가장 중요하다고 생각하는 시절을 보내고 있다. 그런데 약간 더 어른이 된 후인 지금 인식하는 우정은 예전에 '우정이 전부였던' 그 시절의 우정과는 많이 다르다. 우정이 전부였다고 말한 그 시절의 우정은 학교 안과 밖에서 늘 붙어 다니던 친구와의 우정이었다. 그 친구가 나에게 얼마나 다가오느냐 멀어지느냐가 그날의 안정적인 행복과 심각한 고민을 좌우하는 중심축이었다. 그리고 그 친구가 다른 아이들과 친해지는 것을 매의 눈으로 관찰하고, 그 친구에게 접근하는 아이들을 적으로 간주하고 티 나지 않는 견제를 지속하면서 동시에 단짝 친구의 눈치를 살피고 맞춰줌으로써 나의 우정을 지켰다. 나의 단짝 역시 나에게 똑같이 그러했다는 걸 나중에 속마음을 나누면서 알게 되었다. 돌이켜보면 우리의 우정은 매우 사랑스러웠지만 서로를 소유하려고 했던 협소한 차원의 우정이었다.

우정은 인류애의 다른 말이다

우정과 관련된 여러 사건(친구와 괜히 멀어짐, 친한 친구와 다투고 화해의 시기를 놓침, 전학으로 인한 멀어짐, 질투와 시기로 시작된 균열 등)을 거치면서 우정을 나누는 데 있어서는 소유가 아니라 마음을 주고받는 그 순간의 감정 나눔이 중요하다는 깨달음을 얻었다. 또한 얕은 관계로 두루두루 친구가 많은 것보다 깊은 속내를 나누는 친구 몇몇이 있는 것이 훨씬 힘이 된다는 것도 알게 되었다. (나는 한때 주변에 사람이 많고 인기가 많은 것이 내가 잘 살고 있는 증거라고 생각했다.) 그 이후 사랑이 전부라고 생각했던 시절에도 물론 우정과 관련된 여러 사건과 뉘우침은 반복되었다. 그러면서 잦은 연락을 전제로 한 또래 친구와의 우정이 아닌, 더 폭넓은 의미의 우정이 있다는 결론에 이르게 되었다.

우정이 친구와의 관계만을 일컫는 것이 아니라 인간관계 전부를 아우르는 것임을 알기까지는 많은 시간이 걸렸다. 더불어 사랑이냐 우정이냐 나누는 것이나 우정보다는 사랑이 최고라는 생각이 우정과 사랑을 얼마나 좁은 의미로 바라보게 하는지도 알 수 있었다. 우정은 서로에게 얼마나 자주 연락하고, 친하게 지낸 시간이 얼마나 오래이며, 서로에게 일어난 일을 얼마나 세세하게 가장 먼저 알리느냐 등 겉으로 드러나는 부분이 아니라 서로를 얼마나 존중하고 존경하느냐의 차원이라는 것도 이 영화를 통해 말하고 싶다.

우리가 흔히 사용하는 우정이라는 단어, 우리가 적용하는 우정의 범위를 확장할 필요가 있다. 이를테면 인류애 같은 범위로 말이다. 우정과 인류애는 다른 단어 같지만 그 정체의 기원은 같다. 인류애는 인간에 대한 애정, 인간에 대한 이해와 수용을 뜻하기 때문이다. 우리가 누군가(그게 누가 됐든)와 우정을 나눈다는 것은 그 사람에게 애정을 갖고, 그 사람을 이해하며, 그 사람을 온전히 수용하는 것을 말한다. 우정은 인류애를 바탕으로 하며, 인류애는 우정을 바탕으로 한다,

인간은 본능적으로 누군가에게 수용되고 싶어 하고 서로 연결되기를 바란다. 사회적 무리 안에서 신체적 안정과 정서적 안정을 꿈꾼다. 추방에 대한 두려움, 소외에 대한 두려움, 자신이 무리 안에서 내쳐질지도 모른다는 두려움을 가지고 있기에, 더 무리 짓기 편한 상대끼리 모이고 그렇게 모인 이들은 자신들과는 다른 대상을 배제함으로써 견고해지려고 한다. 무리 짓기 편한 상대란 자기 자신과 가장 가깝다고 생각되는 목록을 갖춘 이들을 말한다. 나와 가장 가깝다고 생각되는 목록은 무엇일까? 인류사에서 인간이 가깝고 멀고의 기준으로 삼았던 대표적인 것이 피부색이다. 피부색이 같으면 비슷한 인종이라 생각했고, 피부색이 같은 이들 일부가 힘을 모아 인종우월주의와 인종차별을 발현시켰다. 여러분은 여기에 동의하는가? 피부색이 비슷하면, 머리색이 비슷하면 더 가깝다고 생각되는가? 나와 피부색이 다르고 신체적 특징이 다르면 다르다고 생각하는가? 누군가와 같다는 건 더 빠른 연결을 생성하고, 누군가와 다르다는 건 더 빠른 분리를 만들어낼 수 있다. 이쯤에서 우리는 의문을 품어야 한다. 우리 자신에게 계속해서 물어야 한다. 도대체 무엇이 같고 무엇이 다르다는 말인가? 같고 다르고의 기준을 어디에 두느냐, 같고 다르고의 범위를 얼마나 넓히느냐에 따라 나와 연결된 수많은 사람을 발견하거나 나와 연결된 수많은 사람을 잃거나가 결정된다.

자, 이제 그대가 답해보라. 나와 다른 사람은 무엇이 같고 무엇이 다른가?

차별은 게으름과 무지의 소산

인종우월주의에 대해 익살스럽게 표현하면서 정곡을 찌르는 유명한 영화가 있다. 이전에 쓴 책《영화가 나에게 하는 질문들》에서도 다룬 영화인데, 유명한 영화인만큼 많은 사람들이 봤을 법하다. 바로 영화 〈인생은 아름다워〉.(혹 아직 보지 못했다면 꼭 보기를 추천한다.) 이 영화의 주인공 귀도는 마을의 한 교사(훗날 아내)에게 첫눈에 반해서 장학사 의상을 훔쳐 입고 학교에 방문한다. 오직 자신이 반한 그녀를 보기 위해서. 그런데 원래 방문하기로 했던 장학사가 '아리아인의 우월성'이라는 자신의 논문을 주제로 강연을 하기로 되어 있었던 것. 자신을 장학사로 알고 있는 학교 선생님들과 학생들 앞에 어쩔 수 없이 강연자로 선 귀도는 특유의 임기응변으로 '아리아인이 얼마나 우월한 인종'인지 기상천외한 내용의 강연을 한다.

히틀러는 1933년에 아리안 법을 만들어 순수 아리안 혈통은 우월하다는 인식을 고양시키는 동시에 유대인들을 박해할 명분을 세운다. 어린 학생들에게 이런 의식을 심기 위해서 얼마나 많은 교육이 이뤄졌을지 짐작케 하는 장면이다. 자, 이제부터 귀도의 강연 내용에 주목해보자. 귀도는 아리아인의 우월성을 강조하기 위해서 귀 이야기부터 시작한다.

"이렇게 멋진 귀를 가진 건 아리아인밖에 없습니다. 아리아인의 귀는 귓불이 도톰하고, 연골이 움직입니다. 자, 다 같이 자신의 귓불과 귀를 만져보세요. 그 다음은…"

귀 다음이 더 가관이다. 바로 배꼽.

"아리아인의 배꼽이 얼마나 우월하냐면, 단단히 묶여 있어서 절대 풀리지 않습니다. 이 배꼽 매듭은 과학자들도 절대 풀 수 없습니다. 자, 우리 아리아인이 얼마나 우월합니까?"

하하하. 정말 놀라운 강연 아닌가? 귀와 귓불, 귀의 연골, 배꼽은 아리아인들에게만 있는 것이 아니다. 인종을 불문하고 모든 사람에게 있다. 이것이 인종 우월의 증거라고 말하면서 모든 인종이 절대 다르지 않다는 것을 아주 익살스럽고 정확하게 풍자하고 있다. 피부색이 다르다고 해서 우월과 열등 인종으로 분류하고, 성별이 다르다고 해서 차별의 대상으로 분류하고, 몸의 특징에 따라 이상하게 바라보는 것은, 인간의 고귀함에는 우월과 열등이 없음을 깨달을 만큼의 배움과 성찰이 부족하기 때문이라고 할 수 있다. 결론적으로 차별은 게으름과 무지의 소산이다. 조금만 부지런하면 알 수 있는 것이 '우리가 얼마나 같은가'이다. 내가 느끼는 몸의 아픔과 마음의 감정을 저 사람도 느낀다는 것만 알아도 차별은 일어날 수 없다. 내 생명과 인생이 소중한 것처럼 저 사람의 생명과 인생 또한 소중하다는 것만 알아도 차별은 일어나지 않는다. 그런데 이를 알아차리지 못하는 무지와 알려고 하지 않는 게으름 때문에 곳곳에서 차별이 일어나고 있다. 우리가 계속해서 무지와 게으름 속에서 살아간다면 적극적인 차별주의자에서 벗어날 수 없다.

영화 역사에서 인종차별을 비판하는 시각의 영화들은 저마다 초점을 달리해 세상에 말을 건넨다. 그중에서 영화 〈그린 북〉은 우정과 무지의 상관관계를 커다란 축으로 보여준다. 영화는 백인과 흑인을 조명하는 방법에서 이 입장을 명확하게 드러낸다. 우리가 흔히 알고 있는 흑인에 대한 이미지, 백인에 대한 이미지를 전복시켜 보여주는 방법인 미러링 기법(상대방을 거울처럼 비추어 보여주는 기법)을 이용한다. 일반적으로 백인은 지적이며, 점잖고, 글을 잘 알며, 우아하고, 교양이 있으며, 클래식을 사랑하는 이미지다. 이것 역시도 우리에게 심어진 백인에 대한 선입견이라고 할 수 있는데, 감독은 이런 이미지를 흑인인 돈 셜리 박사에게 심는다. 그리고 흑인에게 흔히 부여되는 거칠고, 우악스럽고, 폭력적이며, 범죄를 잘 저지르고, 프라이드치킨(농장주인 백인들이 닭 몸통을 로스트 치킨으로 먹고 닭의 다리와 목, 날개 등을 버렸는데 흑인 노예들이 이것을 오래 튀겨서 뼈째 씹어먹은 데서 유래되었다고 한다)을 좋아한다는 이미지를 백인 토니 발레롱가에게 심는다. 또한 두 사람의 직업 역시 미러링으로 설정되어 있다. 흑인 돈 셜리 박사는 천재 피아니스트이며, 백인 토니는 나이트클럽에서 해결사 역할을 하면서 운전기사 일을 한다.

이런 설정만으로도 그동안 흑인과 백인에 대해 우리가 얼마나 무지했는지 확인할 수 있다. 익숙하지 않은 미러링의 이질감을 느낄수록 우리의 무지는 더 뚜렷해진다. 모든 백인이 백인끼리 같지 않고, 모든 흑인이 흑인끼리 같을 수 없는데 어떻게 백인은 이러하고 흑인은 이러하다는 이미지를 갖게 된 걸까? 생각할수록 놀라운 것은, 우리는 모든 백인과 모든 흑인을 경험하지도 않았고 심지어는 가깝게 지낸 적이 한 번도 없는 사람도 많을 텐데 대부분이 그런 이미지를 갖고 있다는 점이다. 만약 나에 대해 누군가가 너는 한국인이라서 이렇구나, 여자라서 이렇지, 키가 작은 걸로 보아 성격이 이렇겠구나, 강원도가 고향이라면 당연히 옥수수를 좋아하겠구나(내가 많이 들은 얘기)라는 식으로 말한다고 해보자. 그것 하나로 내 모든 것을 판단하지 말라고 반론을 제기하거나, 나를 언제 봤다고 그렇게 생각하느냐며 쏘아붙일지도 모른다.

우리가 당하면 황당하고 억울한 일을 기어코 어떤 대상을 위해서는 한다는 것이 얼마나 민망한 일인가?

연민, 사랑, 우정을 품은 한 사람의 힘!

혹시 어떤 사람을 충분히 경험하고 관찰하기 전에 겉모습만 보고 판단해서 밀쳐내고 있지는 않은가? 그렇다면 먼저 그 사람에 대한 판단을 멈추고 나의 선입견을 점검해보자. 내 선입견에 맞추어 그를 판단하고 있지는 않은지, 내 선입견을 너무 신뢰하고 있지는 않은지 말이다. 선입견이란 어떤 대상에 대하여 이미 마음속에 가지고 있는 고정된 관념이나 관점을 말한다. 상대방을 경험하기 전에

임의로 판단하는 것은 타당하거나 합리적이지 않다. 그러한 선택을 할 필요가 있을까?

선입견에 대해 인간 진화론적 차원에서 제시한 근거들을 보면, 인간은 생존을 위해 자신과 조금이라도 다른 존재를 경계하는 본능이 있어서 선입견, 편견이 유용하기도 하다고 한다. 또한 인간은 '인지 절약'이라는 특징을 지니고 있는데, 타인을 충분히 검토하고 오랜 시간 지켜보려면 에너지가 너무 많이 드는 반면, 단면만 보고 판단해버리면 인지 에너지를 많이 쓰지 않고 절약할 수 있어서 선입견을 품게 된다고 한다. 입체적인 인간을 단면만 보고 판단하면서 심지어 자신의 판단을 신뢰하는 것이다.

이에 대해 다른 관점에서 생각해보면, 지금은 존재적 측면에서 다 같은 사람이며 똑같이 존엄한 인격임을 알아차린 지성 시대에 이르렀기에 생존을 위해 군이 선입견을 활용할 필요가 없다. 이제는 타인을 선입견으로 차별하고 배제하는 사람이 생존에 가장 취약한 시대가 되었다. 남을 차별하는 사람처럼 매력 없고 경계 대상이 되는 사람이 또 있겠는가? 인지 절약을 하는 자신을 발견한다면 자신에게 타인을 관찰하고 수용할 기회를 주는 방향으로 전환해보자. 다르다는 것이 차별의 근거라면, 누구라도 그 다름의 대상이 될 수 있다. 우리는 인간으로서는 모두 같고, 객체로서는 모두 다르다. 나와 같아서 존중하고 나와 달라서 경청해야 한다. 인간에게 타인을 경계하고 선입견을 품고 차별하는 특성이 있다면, 차별을 우정으로 바꿀 힘도 누구에게나 있다. 한 가지 힘은 다른 한 가지 힘으로 움직인다는 것을 기억하자.

유시민 작가는 《어떻게 살 것인가》에서 "타인의 고통과 기쁨에 공명하면서 함께 사회적 선을 이루어나갈 때, 우리는 비로소 자연이 준 모든 것을 남김없이 사용해 최고의 행복을 누릴 수 있다."라고 말했다. 처음 이 문장을 읽었을 때 몇 번이고 반복해서 읽었다. 공명, 사회적 선, 자연이 준 모든 것, 최고의 행복, 이 단어들을 더 깊이 있게 품고 싶어서였다. 보통 공감이라는 단어는 많이 접하지만 공명은 일상에서 자주 만나는 단어가 아니다. 공감이 상대방의 감정을 도덕적 판단이나 타당성을 생각하지 않고 그 감정을 알아주는 것이라면, 공명은 외부 세계와 함께 진동하는 것이다. 나는 가만히 있는데 외부만 진동하는 것이 아니라, 나도 그 진동의 한 축이 되는 것이다. 세상의 일부가 되어 서로 영향력을 주고받고 그 울림 속에 하나가 되는 것이라 할 수 있겠다.

자연이 준 본래의 것, 즉 우리의 본성이 우선순위를 혼동한 교육이나 자본의 논리 등에 방해받지 않으면 연민, 사랑, 우정을 최대치로 사용하며 살 것이며, 그것들로 이루어진 삶이야말로 최고의 행복이라고 말하고 있다. 결국 인류와 자연과 어우러지는 삶을 살아갈 때, 그리고 그것이 한쪽의 이득을 위해 훼손되지 않고 서로에게 선으로 연결될 때 최고의 행복, 참된 삶이 이루어진다. 이것이 에머슨의 시 중 한 구절인 "내가 태어나기 이전보다 조금은 더 좋은 곳으로 만들고 떠나는 것"에 대한 구체적인 방법 제시이며, 연대, 즉 (더 낭만적인 혹은 더 본성적인 언어로) 우정이라 말하고 싶다.

영화 이야기로 돌아가 보자. 돈 셜리와 토니, 둘의 우정은 인간 본연의 모습인데 언제부터 그리고 무엇으로부터 방해를 받은 걸까? 백인이 흑인을 차별하는 것은 본래 주어진 것이 아니다. 사회 문화적으로 만들어져 세뇌를 통해 공고해진, 일종의 의식의 노예화, 복종화의 모습이다. 영화는 흑인이 실제 어떻다는 것을 경험하고 확인해보기도 전에 차단된 우정을 회복하는 모습을 보여준다. 인간 본연의 모습은 상대방의 외로움에 공명하고, 사랑에 공명하며, 무지와 경계마저도 사랑스럽게 바라보며 서서히 스며드는 것이다. 흑인 돈 셜리와 백인 토니는 차별로 인한 갈등이 가장 극심했던 1960년대에 미국 남부 투어를 함께 다니면서 서로에게 공명하기 시작한다. 저 사람도 나처럼 외롭고, 저 사람도 나처럼 사랑을 하며, 저 사람도 '사람이구나'라는 공명을 말이다. 그렇게 전혀 다른 세상에 속한 두 사람은 세상이 만들어놓은 편견을 넘어 서로의 세상 안에서 우정을 쌓게 된다.

(이 영화는 감동을 주는 어느 한 장면을 보기보다는 영화 흐름 속에서 돈 셜리 박사를 향한 토니의 마음이 어떻게 변해가는지 직접 보기를 권한다. 토니의 마음에 내 마음을 입혀서 충실하게 마음결을 살피기 바란다. 그래서 영화 속 사건이나 장면 설명을 최대한 생략했다.)

피아니스트와 운전기사는 남부 공연 투어를 성공적으로 마치고 크리스마스에 자신의 집으로 돌아온다. 토니는 가족과 크리스마스를 보내면서 돈 셜리 박사를 초대한다. 하지만 돈 셜리는 혼자가 익숙하고 토니 주변의 사람들을 만나는 것이 걱정된다. 자신을 어떻게 볼지 인생 전반의 경험으로 충분히 알기 때문이다.

'똑똑똑'

노크 소리에 토니는 혹시 돈 셜리 박사가 아닐까 하는 마음으로 문을 연다. 문 앞에 서 있는 사람은 다른 친구들, 크리스마스여서 누구라도 올 수 있으니 기꺼이 환영하며 문을 닫으려고 하는데, 문틈으로 돈 셜리 박사가 서 있는 것이 보이는 게 아닌가. 토니는 놀라서 문을 활짝 연다. 그리고 깊게 포옹한다. 흑인이 만진 자기 집 컵을 쓰레기통에 버릴 정도로 닫혀 있는 사람이었던 토니는 이제 자신의 집과 마음을 활짝 열어 돈 셜리 박사를 환영한다. 그들에게 이번 크리스마스의 가장 큰 선물은 '우정'이었을 것이다. 그동안 흑인에 대한 편견으로 우정을 만들 기회가 삭제되었던 토니에게 돈 셜리라는 친구가 생겼고, 자신을 차별하는 백인들과도 그리고 다른 점이 많아 섞이지 못했던 흑인들과도 철저히 거리를 두던 돈 셜리에게도 토니 발레롱가라는 친구가 생겼다.

나아가 한 가지 더 주목할 점이 있다. 생각지도 않게 돈 셜리와 크리스마스를 보내게 된 토니 주변 사람들(백인들) 말이다. 무리 중 한 사람인 토니가 돈 셜리와 친구가 되면서 그의 주변 사람들도 흑인과 우정을 나눌 기회를 만나게 된다. 아니, 흑인이 아니라 돈 셜리라는 아주 괜찮은 친구를 소개받을 행운을 얻는다. 이 경험으로 그들의 일상은 달라질 것이다. 적어도 그들이 주변에서 마주치는 흑인들과 좀 더 가깝게 교류하게 될 것이고 어쩌면 두 사람과 같은 우정으로 발전할지도 모른다. 그런 경우의 수가 늘어날수록 그들은 차별과 경계와 혐오의 세상에서 수용과 이해, 참된 우정(인류애)을 나누는 세상 속에 살게 될 것이다.

"그렇지 않아. 겉모습만 보고 판단하지 마. 나한테 정말 좋은 친구야."

이렇게 말하는 경우가 늘어날수록 세상은 바뀌어간다. 그대가 그런 발언을 하는, 그 사람의 최초의 우정이 되기를.

'청소년은 질풍노도'라는 말의 정체

'질풍노도의 시기'

부모나 교사들에게 "청소년 시기는 어떤 시기일까요?"라고 물으면, 마치 합창하듯 "질풍노도의 시기요."라고 대답한다. 놀라운 것은, 청소년들에게 물었을 때도 똑같은 답이 나온다는 것이다. 기대한 답은 "자신의 정체성을 찾는 시기", "꿈을 찾아가는 시기", "주체적인 삶을 찾아가는 시기" 등이지만, 늘 "질풍노도의 시기"의 완승이다.

그렇다면 이렇게 많은 이들한테서 자동으로 나오는 이 말에 대해 그대들은 의문을 품어본 적이 있는가? 물론 이 말은 발달심리학과 성장기 뇌 발달이라는 차원에서 청소년기를 잘 표현한 말이기도 하다. 그러나 어른 대부분이 이 말 하나로 여러분을 전부 이해한 것처럼 생각하는 것이 미안하고 민망하다.

"어른인 나의 하루는 잔잔한 호수처럼 한결같고 깊은 바다처럼 평온한가요?"

강의 때 어른들에게 물으면 고개를 강하게 젓거나 씩 웃으면서 "절대 그렇지 않죠."라고 대답한다. 많은 청소년이 어른이 되면 달라질 것이라 기대하고 있을 텐데, 나 역시 어른이 되어보니 고백할 게 있다. 어른이 되어도 날마다 질풍노도의 감정과 일상을 보내며, 그것들에 휩쓸리기도 하고 고군분투하면서 살아간다. 자신의 감정 변화와 생각의 변이에 여전히 서툴고, 아직도 낯선 나의 모습을 만나며 끊임없는 자책과 위안과 뿌듯함의 경계를 오가며 살고 있다.

청소년 시기는 분명 신체적, 감정적 변화 그리고 미래에 대한 기대와 걱정 등이 어우러져 복잡하고 변화무쌍한 시기다. 그래서 스스로도 혼란스러운 이 시기에 이해와 격려를 해주는 어른들과의 소통이 잘 이루어져야 잘 성장하고 잘 넘어갈 수 있다. 그런데 '사춘기', '질풍노도의 시기', '이유 없는 반항의 시기' 등의 말은 소통을 돕기보다는 소통을 방해하는 말로 쓰인다. 청소년들이 부모나 어른들에게 고민이나 힘든 마음을 털어놓으면 그 마음을 온전히 존중하고 이해하기보다는 '사춘기라서 그런 것'이라고 하는 경우가 많다. 그러면 '내가 사춘기라서 감정이 이런 건가?' 하면서 자신에게 일어난 사건과 마음을 자세히 들여다보려고 하지 않게 된다. 생략되고 무시된 마음은 존중받지 못하는 자아와 연결되고 어른이 되어서도 자신의 마음을 충분히 들여다보는 기술을 갖추지 못하게 된다.

여러분이 자신의 마음을 더 신뢰했으면 좋겠다. 자신에게 일어나는 생각과 마음이 이상함, 과도함, 허황됨이 아니라 지극히 정상적이고 인간적이라는 걸 알기 바란다. 그러기 위해서는 주변의 괜찮은 어른들과 친구들에게 더 자세히 말하는 연습이 필요하다. 어떤 생각이 들고, 그 생각이 무엇에서 시작됐으며, 그런 생각을 할 때 어떤 마음이 드는지, 그리고 그 생각이 어떻게 변화되고 발전되어 가는지. 그리고 아픈지 기쁜지 미운지 등으로 말이다. 그 마음을 세상과 어른들이 무시하거나 못 본 척하는 것을 멈추고 더 제대로, 더 온전하게, 더 깊이 존중하고 살펴주는 세상이 되기를 나 역시 도울 것이며 분명 그렇게 되어갈 것이다. 서로 조금 더 용기를 낸다면 말이다.

3장

가족이라는 언어가
빚어내는 풍경

이제 우리가 할 일은 명확하다.

가족 안에서 가족 개개인의 인생과 사연을 존중해주는 것.

가족 개개인의 선택과 삶을 응원해주는 것.

단, 그런 일이 일어나는 과정에서 그 어느 순간에도

나라는 사람을 사랑받지 못한 존재, 사랑받지 못할 존재, 저주받은 존재라고

오해하지 않기!

사랑을
기억한다는 말의
의미

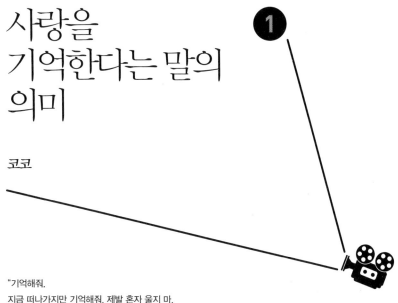

코코

"기억해줘.
지금 떠나가지만 기억해줘. 제발 혼자 울지 마.
몸은 저 멀리 있어도 내 맘은 네 곁에 매일 밤마다 와서 조용히 노래해줄게. 기억해줘.
내가 어디에 있든 기억해줘. 슬픈 기타 소리 따라 우린 함께한다는 걸."

　　가족의 축복을 받으면서 미래로 나아가는 사람에게 두려울 것이
있을까? 사랑하는 가족이 나를 온전히 지지하고 응원해준다면 위축
되거나 주눅이 들 때마다 힘이 나지 않을까? 원하던 대로 되지 않아
좌절할 때나 용기가 필요할 때마다 나를 둘러싼 사랑을 떠올리며
그 사랑을 증거 삼아 나라는 존재가 얼마나 특별한지 확인할 수 있
을 것이다. 힘을 내서 다시 도전하고 자신은 끝내 해낼 수 있다고 스
스로를 신뢰하게 될 것이다. 많은 곳(종교, 학교, 친구, 색 능)에서 축복을

받지만, 가족의 축복은 나와 밀접하게 연결되어 있다는 데 큰 의미가 있다. 가족은 다른 누군가가 나보다 더 뛰어나더라도 "우리한테는 네가 더 중요해."라고 말하며 나의 편이 되어준다. 축복, 이 얼마나 행복한 단어인가.

가족의 축복과 오해 사이

그렇다면, 가족 간의 오해, 이 말은 어떻게 느껴지는가? 오해라는 단어는 외롭고 억울하고 두려운 단어다. 오해를 받는다는 것은 그게 좋은 의미든 좋지 않은 의미든 '나'라는 사람이 부정당한 느낌이 든다. 사람들은 오해를 받을 때 가장 위축되고 억울하고 힘들다고 토로한다. 특히 가까운 사람들에게 오해를 받을 때 힘든 감정은 증폭된다. 그런데 이런 힘든 오해를 가장 많이 주고받는 사이 역시 가족이다. 가족이기 때문에 이해해주겠지 하는 기대에서 오는 오해, 말하지 않아도 알 거라며 표현하지 않아서 일어나는 오해, 원래 마음과는 다르게 표현한 것들로 인한 오해, 책임과 의무의 역할이 가중되어서 생긴 오해, 잘됐으면 하는 마음이 강요로 작용해 나타나는 오해.

축복과 오해, 이 두 단어는 상당히 거리가 먼 단어임에도 가족 안에서 공존한다. 그렇다면 우리가 가족으로서 함께 나아갈 지점은 명확하다. 오해를 줄이고 축복의 힘을 향해 걸어가기.

영화 〈코코〉는 제작 단계에서부터 주목을 받았다. 먼저 영화 〈인사이드 아웃〉 제작진이 만든 것이라는 점 때문에 많은 관심을 받았다. 게다가 관객들은 〈토이 스토리〉, 〈몬스터 주식회사〉, 〈니모를 찾아서〉 등의 이전 작품에서 이미 픽사만의 독특한 세계관을 경험해 왔기에 기대감이 높을 수밖에 없었다. 미국이 스스로 사랑해 마지않는 미국이 배경이 아니라 멕시코가 배경이라는 것도 주목거리였다. 애니메이션에서 다른 나라를 배경으로 하는 경우가 가끔 있기는 하다. 하지만 멕시코는 영화 세계에서 낯선 곳인데다 관객들에게 친숙하지 않은 문화를 소개해야 하는 부담이 있기에 흥미와 우려가 동시에 있었다. 신선한 시도이긴 하지만 안정적인 흥행을 보장할 수 없기 때문이다. 또한 2016년 당선된 도널드 트럼프 미국 대통령은 이미 있는 멕시코 장벽을 더 견고하게 짓겠다는 선언을 해서 멕시코와 외교 문제가 있는 상태였다. 그렇지만 오히려 이 영화로 인해 문화가 넘지 못하는 장벽은 없다는 것이 확인되었고 문화로 소통하는 힘에 대한 기대감이 생겼다고 한다.

여러분은 멕시코에 대해 얼마나 알고 있는가? 멕시코 하면 딱 떠오르는 게 있는가? 멕시코 하면 많은 사람이 음악과 춤을 떠올릴 것이다. 특유의 흥과 노래 음률이 멕시코를 대외적으로 상징하고 있어서 대개 흥겨움과 즐거움의 나라, 국민 모두가 음악을 사랑하는 나라로 인식한다. 그런데 여기 멕시코인답지 않게 음악을 전혀 사랑하지 않는 가족이 있다. 사랑하지 않는 정도가 아니라 아예 음악을 경멸하며 '노 뮤직!$^{No\ music}$'을 외치는 가족이다.

사연을 조금 들어보자. 사연을 들려주는 인물은 미구엘이고, 4대가 같이 사는 대가족에서 맨 아래 세대이다. 미구엘의 아버지의 어머니, 그 어머니의 어머니 그리고 그 어머니의 어머니 때부터 이 사연은 시작되었다. 고조할아버지와 고조할머니는 둘 다 음악을 사랑하고 음악으로 서로를 연결하며 살았다. 음악이 두 사람의 사랑을 채우는 중요한 매개였다. 그런데 어느 날, 음악을 너무 사랑한 고조할아버지는 가족을 버리고 떠나갔다. 고조할머니는 이 모든 것이 음악 때문이라고 생각해서 집안에서 음악이란 음악은 모조리 금지한다. 고조할머니는 자신의 딸 '코코'를 키우기 위해서 신발 사업을 시작했고, 신발 사업은 집안을 지탱하는 사업이 되었다 그래서 음악은 가족을 갈라놨지만 신발은 가족을 뭉치게 했다고 굳게 믿었다. 이 이야기를 들려주는 이 영화의 주인공 미구엘이 태어나기 전에는 말이다.

미구엘은 글쎄, 가족들과 다르게 음악이 너무 좋다. 기타는 물론이고 집안에 온갖 도구들에서 음악을 느낀다. 미구엘은 본능적으로 음악에 끌리는 자신의 모습이 다른 가족들과 달라서 자신이 저주를 받았다고까지 생각한다. 그러나 참고 숨기려 해도 음악에 끌리는 것을 어떡하겠는가. 미구엘은 가족의 반대를 무릅쓰고 멕시코 명절인 '죽은 자의 날'에 열리는 음악경연대회에 나가기로 결심한다.

우리가 반드시 기억해야 할, 사랑!

미구엘의 사연이 어떤가? 안타깝고 걱정이 되는가? 다 잘될 거니까 일단 걱정 접어놓고 먼저 이 영화에 대해 한번 정리해보자.

첫째, 이 영화는 꿈에 관한 영화가 아니라 가족의 사랑에 관한 영화이다. 자신이 음악에 본능적으로 이끌리는 것이 어디에서 비롯되었고 누구의 지지를 받는가에 초점을 두고 있다. 그러니 우리도 주인공 미구엘의 꿈보다 미구엘의 꿈이 무엇과 연결되어 있는지에 주목해야 한다.

둘째, 이 영화는 가족을 기억하는 것이 아니라, '가족의 사랑'을 기억하는 것에 대해 말하고 있다. 영화에 등장하는 '죽은 자의 날'이 죽은 가족들을 기리는 날이라 제사를 지내고 죽은 가족을 잊지 않고 기억하는 것이 중요한 것처럼 오해할 수 있다. 그러나 이 영화에서 이야기하고자 하는 것은 선명하게 가족 한 사람, 한 사람을 기억하라는 것이 아니다. 가족은 오해를 벗겨내면 사랑으로 이루어져 있다는 걸 처음부터 끝까지 정성스럽게 말하고 있다.

셋째, 가족에게 인정받는 것이 축복이고 가족에게 부정당하는 것이 저주라고 말한다. 주인공 미구엘은 다른 가족과 달리 음악에 무작정 끌리는 자신이 저주받았다고 생각하며, 그런 가족에게서 도망치려고 한다. 고조할아버지 헥터도 가족에게 부정당하고 영원히 잊힌다는 게 얼마나 두려운 일인지 온몸(아니, 온뼈)으로 보여준다. 그렇다면 이 영화는 축복과 저주의 틈새를 어떻게 메우려고 하는 것일까?

멕시코 명절 중에 가장 큰 명절로 '죽은 자의 날'이 있다. '죽은 자의 날'은 매년 10월 31일부터 11월 2일까지 3일 동안 이어진다. 10월 31일은 크리스마스이브 같은 전야제, 11월 1일은 죽은 어린이들을 기억하는 날, 11월 2일은 죽은 어른들을 기억하는 날로, 멕시코답게 흥겹고 즐거운 축제가 대대적으로 펼쳐진다고 한다. 이때 죽은 가족들의 사진을 제단 위에 올려두면 영혼이 찾아와 머물다 간다고 여긴다. 바로 이 부분에서 미구엘네 가족은 문제가 생긴다. 고조할머니 이멜다는 자신과 딸을 버리고 떠난 남편 헥터를 용서할 수가 없어서 유일한 가족사진에 있는 헥터 얼굴을 찢어버렸다. 세월이 흘러 고조할머니가 돌아가시고 '죽은 자의 날' 제단을 올린 사진에 헥터의 얼굴은 없다. 아이고, 이런. 제단에 자신의 얼굴이 없는 헥터의 영혼은 가족들을 만나러 갈 수 없다. 너무나 보고 싶은 딸 '코코'의 얼굴을 한 번만이라도 보고 싶은데 말이다.

미구엘은 음악 때문에 가족으로부터 도망쳐 어떤 힘에 의해 죽은 자들의 세계로 이동하게 된다. 저승에서 자신이 유일하게 닮았다고 생각했던 고조할아버지를 만나게 되고 그에게 축복을 요청한다. 여기에서 밝혀지는 아주 놀라운 반전! 고조할아버지 헥터는 음악 때문에 가족을 버리고 떠난 것이 아니었다. 가족이 그리워 다시 돌아가려고 했는데 자신이 작곡한 노래를 탐낸 친구가 독약을 먹여서 그날로 죽음을 맞이했다. 고조할아버지는 사랑하는 아내와 딸 곁으로 돌아오려 했지만, 그 때문에 죽음을 맞았고 영원히 돌아올 수 없었다.

자, 여기에서 가족 안의 커다란 오해가 보이는가? 아내는 남편이 자신과 딸이 아닌 음악을 더 사랑해서 떠났다고 생각했고, 남편은 음악을 멈추고 아내와 딸 곁으로 돌아오려다가 죽게 되었다. 서로 그렇게 오해와 전하지 못한 사랑을 남겨둔 채 세월이 지난 것이다. 미구엘의 가족은 이 오해에서 시작된 음악에 대한 원망으로 집안에 음악을 금지했다. 그러나 사실은 모든 가족이 음악의 피를 가지고 있기에 미구엘도 음악에 반응한 것이었다. 알고 보니 가족의 피에 흥이 흐르고 있었는데 미구엘은 자신만 저주를 받아 음악을 좋아한다고 생각한 것이다

이 영화의 유명한 OST '기억해줘'의 가사가 이런 이야기를 함축하고 있다. 많은 이들이 이 노래의 가사가 가족을 기억하고 기리는 것이 중요하다는 내용을 담고 있다고 해석한다. 하지만 가족 자체가 아니라, 가족 안에 언제나 사랑이 있었음을, 그래서 나는 가족에게 사랑받는 존재였음을 기억하라는 것이다.

"기억해줘.

지금 떠나가지만 기억해줘. 제발 혼자 울지 마.

몸은 저 멀리 있어도 내 맘은 네 곁에 매일 밤 와서 조용히 노래해줄게.

기억해줘.

내가 어디에 있든 기억해줘. 슬픈 기타 소리 따라 우린 함께한다는 걸.

언제까지나 널 다시 안을 때까지. 기억해줘.

기억해줘.

지금 떠나가지만 기억해줘. 제발 혼자 울지 마.

몸은 저 멀리 있어도 내 맘은 네 곁에 매일 밤 와서 조용히 노래해줄게.

기억해줘.

내가 어디에 있든 기억해줘. 슬픈 기타 소리 따라 우린 함께한다는 걸.

언제까지나 널 다시 안을 때까지. 기억해줘."

- 영화 〈코코〉 ost 중에서

가사를 음미해보면, '나'라는 사람을 기억해달라는 것이 아니라, 나의 마음이 언제나 너를 향해 있고 비록 몸은 떠날지라도 너를 항상 사랑하고 있다는 것을 기억해달라고 반복해서 당부하고 있다. 이 노래는 아빠 헥터(미구엘의 고조할아버지)가 코코(미구엘의 증조할머니)의 곁을 잠시 떠나면서 오직 코코를 위해 작곡한 노래이다. 아버지의 죽음을 모른 채 어느 날 끊긴 편지를 고이 간직해왔던 코코는 죽음을 맞이하기 전에 미구엘 덕분에 이 노래를 기억해내고, 아버지가 언제나 자신을 사랑하고 있었다는 것도 기억해낸다. 그렇게 미구엘의 가족 안으로 다시 음악이 돌아왔다. 이제 그들은 사랑으로 가득한 음악을 함께 누리며 마음껏 즐거움을 발산하면서 살아간다. 당연히 미구엘은 저주받은 아이가 아니고.

　가족은 가장 가깝고 소중한 사이면서 소통은 서툴고 사랑 표현은 아낀다. 나의 아버지와 어머니 역시 자신의 삶에서 한 개인으로서 살아온 삶이 있고 사연이 있다. 저마다의 사연과 서툴고 불완전한 소통 때문에 서로의 사랑을 오해할 수 있다. 그렇기에 가족 안에서 끝까지 놓치지 말아야 할 것이 사랑이다. 나는 사랑을 받지 못하는 존재, 사랑이 모자란 존재가 아니라 사랑으로, 오직 사랑의 조합으로 탄생한 존재라는 점을 잊지 말기 바란다.

'나'라는 해피엔딩을 이야기하다

　영화 〈코코〉와 함께 소개하고픈 가족 영화가 있다. 〈나의 특별한 사랑 이야기〉라는 영화인데, 아빠가 딸에게 자신의 사랑 이야기를 들려주면서 시작되고 그 이야기가 끝나면서 영화가 마무리된다.

　어느 날 학교에서 성교육을 받고 온 딸이 아빠에게 엄마와 어떻게 만나서 어떻게 사랑하게 됐으며 나는 어떻게 태어났느냐고 묻는다. 아빠는 딸의 질문에 처음엔 난처해하고 어쩔 줄을 모르다가 자신의 사랑 이야기를 자세히 들려주기로 한다. 자신의 인생에서 지금까지 사랑하는 여자가 세 명 있었는데 그중에서 누가 엄마인지를 맞춰보게 하는 〈신비한 홈밍의 비밀〉 뮈스와 함께. 그렇게 아빠의 긴

긴 사랑 이야기가 시작된다. 유일한 청중은 딸. 딸은 아빠의 사랑 이
야기를 들으면서 아빠를 한 인간으로서 이해하게 된다. 어느새 자신
의 엄마가 누구인지보다 아빠가 행복한 사랑을 하는지가 더 중요해
진 것. 그렇게 아빠를 한 인간으로서 응원하게 된다. 처음 이야기가
시작될 때는 아빠와 딸로서 마주했다면, 이제 인간 대 인간으로 혹
은 먼저 삶을 살아온 인생 선배를 응원하는 인생 후배의 관계로 마
주한다.

드디어 아빠가 사랑한 세 여자 중 자신의 엄마를 맞추게 되고,
엄마를 만나러 가는 날 딸은 아빠에게 이렇게 말한다.

"그렇게 사랑했는데 지금은 결국 둘이 이혼했잖아. 그 이야기는
해피엔딩이 아닌 거야."

이때 아빠가 말한다.

"아니, 이 이야기는 해피엔딩이야. 너라는 해피엔딩."

사랑 이야기가 완성되려면 두 사람은 오래도록 행복하게 살았
다는 해피엔딩으로 끝나야 하는데, 아빠와 엄마가 이혼한 것은 결
코 해피엔딩이 아니며, 해피엔딩이 아닌 사랑 이야기에 자신이라는
존재는 부담스러운 존재일 거라 생각했을까? 밤새도록 들은 아빠의
사랑 이야기는 모두 재미있고 낭만적이었지만 결국은 이별로 끝나
는 사랑이었으니 이 사랑은 새드엔딩이고 자신은 새드엔딩의 결과
물이라고 생각했을지도 모르겠다. 속상함이 가득 담긴 눈물을 흘리
며 말하는 딸에게 아빠가 대답한 '해피엔딩'은 아마도 이런 의미가

들어있을 것이다.

"사람과 사람은 사랑하다가 헤어지기도 하고 새로운 사랑을 만나기도 해. 그건 모두 내 삶의 일부야. 너무도 사랑했던 네 엄마와 헤어진 것과 상관없이 내 사랑은 행복한 결말이야. 왜냐하면 세상에서 누구보다 사랑하는 나의 딸이 있으니까."

'나의 특별한 사랑 이야기'라는 영화 제목이 가리키는 대상은 아빠가 만나 사랑한 연인과 배우자가 아니라 딸인지도 모르겠다. 아니, 확신한다.

이제 우리가 할 일은 명확하다. 가족 안에서 가족 개개인의 인생과 사연을 존중해주는 것. 가족 개개인의 선택과 삶을 응원해주는 것. 단, 그런 일이 일어나는 과정에서 나라는 존재가 사랑과 거리가 멀다고 오해하지 않기, 어느 순간에도 나 자신이 사랑과 가장 가까운 존재라는 것을 기억하기, 그 어느 순간에도 나라는 사람을 사랑받지 못한 존재, 사랑받지 못할 존재, 저주받은 존재라고 오해하지 않기! 영화 〈코코〉의 기억과 〈나의 특별한 사랑 이야기〉의 해피엔딩은 모두 이 글과 마주하고 있는 그대를 향하고 있다. 우리가 지금 여기에 존재하게 된 가장 큰 힘은 사랑의 힘이다. 혹시라도 의심스러우면 자기 자신을 들여다보면 된다. 나는 이렇게 작은데 이렇게 많은 사랑을 가진 존재라는 걸 발견하게 될 것이다. 자, 이제 자신에게 확신이 생겼다면 그러한 사실을 간곡하게 전하는 이 동화를 꼭 기억해주길 바란다.

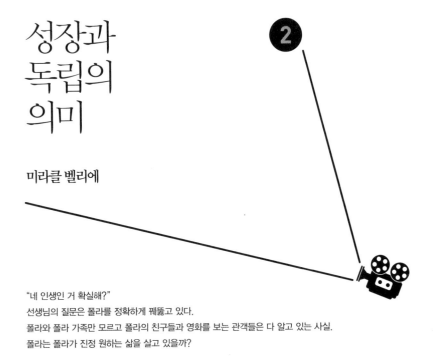

성장과
독립의
의미

미라클 벨리에

"네 인생인 거 확실해?"
선생님의 질문은 폴라를 정확하게 꿰뚫고 있다.
폴라와 폴라 가족만 모르고 폴라의 친구들과 영화를 보는 관객들은 다 알고 있는 사실.
폴라는 폴라가 진정 원하는 삶을 살고 있을까?

　　레드 카펫이 길게 펼쳐져 있고, 그 위를 아이들이 하나둘 자기만
의 걸음걸이로 걷는다. 음악은 힘이 넘치고 웅장하며 기쁘고 찬란하
다. 한 명 한 명을 밝은 조명이 비추고 있다. 레드 카펫 양옆에서는
걷고 있는 아이들의 부모가 환호와 힘찬 박수를 보낸다. 어떤 부모
는 지금까지 본 적 없는 자녀의 익살스러운 모습에 크게 웃음을 터
트리기도 하고, 어떤 부모는 웬일인지 웃으며 동시에 눈물을 흘린
다. 물론 어느 한순간도 환호와 박수가 멈추지 않는다. 아이들은 레

드 카펫 끝에 준비된 포토존에서 저마다 연습해온 하이패션 포즈를 취하기도 하고, 소극적 브이를 하기도 하고, 예상을 빗겨간 신선한 포즈를 선보여 모두를 놀라게 하기도 한다. 부모들은 아이들이 포토 존에서 포즈를 취하는 것을 보며 끝없이 열광하고 사진을 찍고, 그 많은 아이 중 오직 자신의 아이만을 향해서 감탄하고 감동한다. 이 때 어떤 감정이 들었는지 나중에 인터뷰를 해보면 부모들은 대부분 '만감이 교차했다'고 말한다. 이 풍경은 청소년 가족캠프 마지막 날 진행하는 '미래파티' 입장 때의 풍경이다.

우리 가족은 나 없으면 안 돼

부모와 자녀는 어느 시기까지는 아주 밀착하여 살아가면서 함께 시간을 보낸다. 아이가 어릴수록 부모의 돌봄과 관리가 더 필요하고 아이가 커갈수록 서서히 분리가 일어난다. 그리고 어느 순간이 되면(보통은 아이가 20대가 될 무렵이거나 그 전후에) 온전한 독립이 이루어진다. 이때의 독립은 부모와 함께 살다가 따로 집을 얻어 나가는 물리적 독립이라기보다는 정신적, 심정적 독립에 가깝다. 부모의 돌봄과 통제, 간섭이 더는 필요하지 않은 성장 궤도에 올라 자신의 삶을 온전히 자신의 것으로 살아가는 순간, 정서적 독립이 이루어진다.

보통은 부모가 자녀를 돌보지만 자녀 역시 부모를 만족시키기 위해, 자신의 삶을 추구하기보다 부모의 기대에 맞추고 부모를 위해 살아가는 경우도 많다. 특히 동양권은 가족 중심 사회여서 자녀가 결혼해서 가정을 꾸린 후에도 정서적 독립이 완연하게 일어나지 않는 경우도 많다. 만약 영화 〈미라클 벨리에〉에서처럼 가족에게 자신이 없으면 안 되는 존재로 자리매김한 경우에는 가족을 위해 자신의 꿈마저 포기하기도 한다. 폴라 벨리에는 가족 중 유일하게 들을 수 있고 그래서 유일하게 말할 수 있다. 부모와 남동생은 모두 청각장애인이다. 가족들은 세상과 소통하는 데 있어 폴라가 절대적으로 필요하다. 아니, 필요하다고 (주로 주인공 폴라가) 굳게 믿고 있다.

가족이 운영하는 농장에서 소를 돌보고, 우유를 짜고, 우유로 치즈를 만들고, 시장에서 손님들에게 치즈를 판매하는 이 모든 과정에 폴라가 있어야 한다. 치즈 사업은 폴라 가족의 주 수입원이며, 폴라의 역할이 중요하다는 것을 폴라 자신은 물론이고 가족 역시 알고 있다. 폴라는 부모님과 함께 병원을 가서 의사의 진단을 통역해줘야 하고, 자막이 나오지 않는 인터뷰 등이 나오면 TV 옆에 나란히 서서 TV 소리를 수어로 통역해야 한다. 학교에서는 피곤하고, 집에 오면 바쁘고…. 가족을 챙기고 주어진 일상을 분주하게 살아내느라 폴라는 자신의 꿈까지 챙길 여유가 없다. 폴라는 가족에게 최선을 다하지만, 자기 자신에게는 그렇지 못하다.

"그건 네 목소리가 아니야. 너는 자신의 목소리를 내본 적이 없어."

"자신의 목소리에서 도망치고 있구나. 네 목소리를 낼 때가
됐어."

"너는 화난 보석이야. 네 목소리는 보석이라고. 네 안의 누군가
를 깨워야만 해"

폴라 자신도 모르는 목소리가 숨겨져 있다는 것을 눈치 챈 음악
선생님은 폴라에게 파리에 있는 음악학교 오디션을 볼 것을 추천하
지만, 폴라는 망설인다. 만약 파리 음악학교에 합격하면 가족을 떠
나야 할 테고, 가족들은 자신이 없이 삶을 꾸려나가지 못할 테니까.

자, 여기서 잠깐, 음악 선생님이 말한 '목소리'는 무엇을 뜻하는
것일까? 가족 중 유일하게 목소리를 내며 소리 내어 말을 할 줄 아
는 폴라에게 왜 '자신의 목소리'를 낸 적이 없다고 말하는 걸까? 우
리는 모두 자신의 목소리를 제대로 내면서 살아가고 있는 걸까? 폴
라의 목소리는 폴라가 하고 싶은 말과 살아가고 싶은 내용을 담을
기회가 없었을 것이다. 폴라는 마음에서 울려 나오는 자신만의 목
소리가 아니라 가족의 소리를 대변하는 목소리만을 주로 내왔다. 그
러다 보니 자신의 목소리를 어떻게 내는지 알 기회가 없었을 것이
다. 이쩌면 사신만 소리를 낼 수 있다는 사실이 가족에게 미안해서
그 목소리를 자신만을 위해 쓰기가 늘 미안했을 것이다. 어릴 적부
터 항상 그렇게 살아온 폴라는 자신의 목소리를 내지 않는 것이 가
족을 사랑하는 방법이라고 생각했다. 그리고 그것에 너무도 익숙해

져서 마음껏 소리를 발산하는 일이 스스로에게 낯설고 두려운 일이 되어버렸다.

"내가 가족을 버린다고 생각할까 봐 두려웠어."

폴라는 음악 선생님의 강력한 권유를 받아들여 오디션을 준비하고 있다고 가족에게 말하면서 이렇게 고백한다. 자신이 있어야 할 곳은 여기(가족 안)라는 생각이 드는 동시에 마음에서는 노래를 부르고 싶은 두근거림이 올라온다. 이성과 마음은 영화 내내 폴라 내면에서 부딪히고 갈등한다.

여러분이라면 이럴 때 어떻게 하겠는가? 가족도 소중하고 나의 꿈도 소중한데 어떻게 하는 것이 가족과 나 자신을 위한 일일까? 영화를 제3자의 위치에서 보다 보면, '당연히 꿈을 위해 나아가야 하는 거 아니야?'라고 말할지 모르겠다. 그러나 당사자로서는 부모가 원하는 꿈의 방향과 자신이 원하는 꿈의 방향이 다를 때 선택하기가 절대 쉽지 않다. 청소년들을 곁에서 지켜보면서 이런 상황을 많이 마주한다. 얼른 어른이 되어서 가족을 위해 돈을 벌고 싶다는 아이, 부모가 원하는 대학에 입학해서 웃게 해드리고 싶다는 아이, 부모님이 자신 때문에 너무도 고생하기 때문에 원하는 것이 따로 있지만 말할 수 없다는 아이. 가족은 아이가 자라는 동안에는 안전한 울타리가 되지만 다 자란 후에는 답답한 새장이 되기도 한다. 어떻게 해야 서로가 각자의 주체적인 삶을 인정하고 신뢰하는 관계로 확장될 수 있을까? 어떻게 평화롭고 안정된 울타리의 역할은 그대로이면서 통제하고 가두는 좁은 새장은 아닌 가족 관계가 될 수 있을까?

"제 꿈을 포기하겠어요"

 "그 학교에 가고 싶어?"

"노래를 정말 하고 싶어?"

친구와 선생님의 질문에 폴라는 마음의 소리를 내기 시작한다. 한 번도 말한 적이 없어서 자신마저도 모르고 있던, 마음 안에서 울려 나오는 소리를 멈출 수가 없다.

"응, 가고 싶어. 노래하고 싶어."

드디어 자신의 마음과 접촉이 일어난 폴라. 그렇다면 뭐가 걱정이야? 당장 오디션 준비를 하라고! 만약 영화 속의 폴라에게 말할 수 있다면 모든 관객이 이렇게 외쳤을 것이다. 자, 이제 폴라는 어떤 결정을 할까?

"그만두겠어요."

우리는 사신이 원하는 진정한 꿈을 어떻게 알 수 있을까? 자신의 꿈과 만나기 위해서 가장 먼저 해야 할 일은 자신의 마음 안으로 깊이, 더 깊이 들어가는 것이다. 마음 안으로 깊이 들어가서 고요한 가운데 자신의 목소리를 들어야 한다. 그렇지 않으면 수변의 소음과 내 머릿속에서만 멋대로 조합된 생각들이 나를 집어삼킨다.

"너는 이걸 해야 성공할 수 있어."

"그 분야가 얼마나 경쟁이 치열한데 웬만한 실력으로는 어림도 없어."

"안정적인 길로 가야지. 그러다가 안 되면 어쩌려고."

"어떻게 너 자신만 생각하니? 가족들도 생각해야지. 주변 사람들이 어떻게 보겠어?"

주변의 소음과 머릿속 생각은 교묘하게 섞여서 우리가 달려가는 길목에서 큰 몸으로 막으며 가던 길을 멈추게 한다. 특히 청소년 시기는 보이지 않는 길을 경험 없이 선택하는 시기이며, 그렇기에 한 번의 선택이 모든 것을 좌우할 거라는 두려움이 앞선다. 하면 잘될 수 있겠냐는, 경험 많아 보이는 어른들의 생각 앞에서 '하고 싶다'는 마음은 연약하고 나약해 보인다. 그 마음 하나로 버티기에는 설득력도 약하고 스스로도 힘을 내기가 힘들다.

그래서 청소년 시기에 어떤 꿈을 만나면, 그 꿈을 함께 지지해 줄 사람들이 곁에 있어야 하고 그 꿈에 대해 스스로가 확신하는 것이 중요하다. 여기에서 스스로 확신한다는 것은 시도하면 반드시 성공할 거라는 자신감이 아니라, 실현하기 위해 내 온 마음을 바치겠다는 열의를 말한다. 그리고 혹시라도 그것이 제대로 되지 않더라도 자신을 비난하거나 좌절해서 다른 것을 시작할 힘을 잃지 않겠다는 약속이라고 할 수 있다. 해낼 수 있을 거라는 자신감과 할 수 있을까라는 두려움은 항상 동행한다. 자신이 하고 싶은 것이 무모하거나 이기적인 것은 아닌지, 괜한 고집은 아닌지를 생각하다 보면 자신감 보다는 두려움과 타협하게 된다. 두려움과 타협하면 결국 주변의 말을 듣거나, 안정적이라 생각되는 길을 택하거나, 마음에서 똑똑 울려오는 소리를 애써 외면하게 된다.

자신의 꿈과 만나기 위해 필요한 것 또 하나는 바로 시도하는 것이다. 실제로 시작해보는 것이 중요하다. 머릿속에서만 꿈을 상상하게 되면 실제 해보면서 부딪히는 어려움이나 뜻밖의 발견과 깨달음에까지 닿을 수 없다. 이런 것들은 실제로 시도한 사람들만이 얻을 수 있는 보물이다. 대학에 출강하던 시절에 한 대학생이 진로 문제로 고민 상담을 해왔다. 자신은 검도 선수로 커왔지만 사실 요리사가 되고 싶다고, 그런데 체육 교육을 전공해서 체육 교사가 되기를 바라는 부모님의 오랜 바람을 저버릴 수가 없다고. 그래서 우선은 취미로 요리를 배워보라고 권했다. 두 달 정도 요리학원에 다니던 그 학생이 어느 날 상담을 요청해왔다.

"막상 요리를 배워보니 요리는 맛있게 만들고 예쁘게 세팅하는 것이 전부가 아니라는 걸 알았어요. 재료 공부부터 재료 다듬기와 썰기가 요리를 하는 것보다 더 중요하더라고요. 저는 맛있는 음식 먹는 걸 워낙 좋아하고, 집에서 실제 해보고 주변 사람들이 먹는 모습을 보면 행복해서 제가 요리하는 걸 하면 잘할 거라고 생각했는데, 그게 아니었어요. 그리고 두 달 동안 검도를 쉬면서 요리를 배워

보니 검도가 그립더라고요. 검도를 더 잘하지 못할까 봐 겁이 나는 걸 요리로 회피했다는 걸 알게 됐어요. 제 두려움과 직면해서 검도를 다시 열심히 해보려고 합니다. 해보는 데까지요."

또 한 친구는, 당시 고등학생이었는데 자동차 디자인을 배워보고 싶은데 도무지 길도 모르겠고 어디에 가서 무엇부터 해야 할지, 무엇을 공부해야 할지 막막하다며 고민을 털어놓았다. 그러면서 자신이 스크랩해 놓은 역대 자동차 디자인과 디자이너들의 인터뷰를 보여주는데 관심의 정도가 얼핏 보기에도 상당해 보였다. 그래서 그 사연을 소셜 네트워크에 올렸더니 이를 본 한 자동차 회사 마케팅 담당자가 회사에 방문해보라고 했고, 그 회사 디자인팀에서 인턴으로 근무해보라고 그 친구에게 기회를 줬다. 그 친구는 인턴 생활 동안 막연했던 자신의 꿈이 더 명확해졌다고 전해왔다.

무언가 해보고 싶다고 할 때 보통은 그것의 단면을 보고 이상적으로 생각하는 경우가 많다. 실제로 그 일과 배움을 경험하면 겉으로 보이는 것보다 더 복잡한 것들이 있기도 하다. 또 어느 지점에 이르기까지 시간이라는 시험대를 통과해야 한다. 시도해보는 것으로 그러한 것들을 자신이 해낼 수 있을지, 그런 것들도 사랑하는지를 확인할 기회를 가질 수 있다.

폴라는 가족의 주요 수입원인 농장 관리는 물론이고 시장 출마를 하게 된 아빠의 통역도 맡아줘야 한다. 엄마는 자신들을 떠나고 싶었냐며 서운해하면서 아직 어린데 어떻게 떨어지냐며 걱정을 토로하고, 그 바람에 가족 분위기가 엉망이다. 이 모든 것을 외면할 수 없는 폴라는 결국 그만두기로 결정한다.

"그만두겠어요. 파리에 가지 않겠어요."

"그래, 넌 시시한 촌뜨기지. 그게 다가 아니야. 그냥 관둔다고 생각하겠지만 넌 구덩이를 파는 거야. 그 안에 누워서 흙에 덮이는 거야. 그 구덩이를 잘 알지. 나도 같은 묘지에 있으니까."

"내 인생이니까 제 마음대로 그만둘래요."

"네 인생인 거 확실해?"

선생님의 질문은 폴라를 정확하게 꿰뚫고 있다. 폴라와 폴라 가족만 모르고 폴라의 친구들과 영화를 보는 관객들은 다 알고 있는 사실. 폴라는 폴라가 진정 원하는 삶을 살고 있을까? 가족을 위해 자신의 꿈을 포기하는 결정이 진정 가족을 위하는 것이며 가족은 나중에 이 사실을 알고 기뻐할까? 지금 이 순간 폴라가 그만두어야 할 것은 자신의 꿈일까, 가족 보호자 역할일까? 폴라가 자신의 꿈을 향해 나아가기를 그만두겠다는 것이 자신의 마음에서 우러나오는 진정한 결정일까?

자, 잠시 그대들에게 시간을 주겠다. 폴라에게 해주고 싶은 말이 있다면 지금이 기회다. 음악학교에 가서 제대로 노래 교육을 받고 마음껏 노래를 부를 기회를 저버리려는 폴라에게 어떤 말을 해주고 싶은가? 오디션을 시도해보지도 않고 아마 되지 않을 거라며 포기하면서 '난 원래 이 정도야.'라며 체념하는 폴라에게 해주고 싶은 말은 무엇인가?

　…… (　　　　　　　　　　　　　　) ……

　　나는 그대가 어떤 말을 떠올렸을지 모른다. 다만, 그대가 지금 생
각한 그 말이 가족과 나를 진정으로 자유롭게 하는 말이기를 기대
한다. 그리고 그대의 말이 그대에게도 언제나 적용되기를 응원한다.

가족이 가장 바라는 것은 가족의 행복

　　영화 〈리틀 포레스트〉의 주인공 혜원은 임용고사(국·공립학교의 교
사를 선발하는 시험)에 떨어지고 터덜터덜 고향 집으로 향한다. 오래 비
워둔 시골집에 도착한 혜원은, 서울에서의 팍팍했던 아르바이트 생
활과 오직 시험 합격을 위해서만 달려온 시간 속에서 자신의 영혼
이 허기졌다는 걸 발견한다. 그래서 엄마와 함께 사는 동안 어깨너
머로 배운 엄마의 레시피로 음식을 만들어 먹으며 배를 채우고, 고
단했던 시간 동안 주눅 들고 허기졌던 마음은 사계절로 채운다. 계
절도 잊고 고시생으로 사는 삶이 뭘 이루고자 함이었는지 자신에게
묻는 작은 숲(자신을 위로하는 공간과 시간)으로 돌아온 것이다.
　　혜원은 계절이 바뀌고 요리를 손수 해 먹는 동안, 엄마 역시 자
신이 클 때까지 엄마만의 삶을 포기하고 있었고, 자신 역시 엄마가
했던 요리를 따라 하면서 엄마를 벗어나지 못하고 있다는 걸 발견

한다. 엄마가 엄마의 인생을 살겠다며 자신을 떠났을 때 엄마가 이기적이며 자신을 버렸다고 생각했다. 혜원 역시 자신을 어엿하게 독립시켜줄 임용고사 합격으로 도망치고 싶었다. 그러나 도망치는 도구로서의 임용고사나 같이 공부하면서 사귀게 된 남자친구는 자신을 구원해주지 못했다. 혜원은 자신만의 작은 숲에서 묻고 또 묻는다. 어떻게 살고 싶으며 홀로 완전체로 살 수 있는 삶이 무엇인지. 그 무언가가 되는 것으로 증명하지 않아도 자기 자신으로 우뚝 설 수 있는 삶이 무엇인지를 물었을 것이다.

혜원은 사계절을 질문과 더불어 살면서 비로소 독립을 이뤄낸다. 바로 자신만의 요리 레시피로 말이다.

"엄마의 감자빵은 감자가 씹히지 않는 게 아쉬웠어. 그래서 나는 나만의 감자빵을 개발했어. 엄마 감자빵에서 좀 더 나아간, 감자가 씹히는 감자빵을 말이야."

엄마가 그동안 보내온 요리 레시피 편지에 혜원은 자신만의 레시피로 처음 답장을 적는다. 이것은 요리 레시피 대결이 아니라, 엄마의 그늘에서 벗어나 자신의 삶을 주체적으로 살아가겠다는 독립선언서라고 할 수 있다.

우리 모두에게는 그런 때가 도래한다. 새 둥지에 있는 새끼 새가 부모 새가 물어다 주는 먹이를 먹고 자라는 시기를 지나, 날개 연습을 하는 시기를 지나, 자신의 날갯짓으로 가까운 나무들 사이를 나는 시기를 지나, 더 힘차고 오랜 날갯짓으로 내가 살던 숲을 벗어나

다른 숲까지 하늘 높이 날아가는 시기가 온다. 만약 새들이 부모 새가 서운해할까 봐 자신의 날갯짓 능력을 숨기고 있다면, 다른 숲의 멋진 풍경을 보며 살고 싶은데 그 꿈을 포기한다면, 부모 새의 마음은 행복할까?

많은 청소년들과 이야기를 나누면서 확실히 알게 된 것이 있다. 청소년들은 자신의 부모가 자녀인 자신을 위해 스스로의 삶을 희생하고 헌신하고 꿈을 포기하고, 오직 자기만을 바라보고 사는 것을 절.대.로. 바라지 않는다는 것이다.

"엄마가 행복하면 좋겠어요."

"아빠가 자신의 꿈을 이루면 좋겠어요."

"우리 엄마는 자기 인생을 정말 사랑해요. 저도 엄마처럼 되고 싶어요."

"엄마 아빠는 저 빼고 엄청 둘이 잘 지낸다니까요."

아이들이 바라는 것은 부모가 부모 자신의 인생을 사랑하면서 행복하게 사는 것이다. 아이들은 그런 모습을 보면서 행복이 무엇인지, 주체적으로 사는 삶이 무엇인지 배워간다. 이 말에 청소년인 그대는 동의하는가? 부모님이 자신의 꿈을 포기하고 오직 자식들을 위해 희생하면서 헌신하며 살기를 바라는가, 아니면 자신의 꿈을 펼쳐나가며 행복한 삶을 살아가는 모습을 보고 싶은가? 그렇다면 부모님의 마음은 어떨지 생각해본 적이 있는가? 다른 가족들이 내게 바라는 것은 무엇일까를 생각해본 적이 있는가?

"행복하게 자신의 삶을 사는 것."

"자신의 꿈을 사랑하며 건강하고 즐겁게 지내는 것."

우리가 분명하게 알아야 할 것은, 부모님을 위한다는 이유로 나의 꿈을 놓고 주저하기보다는 꿈에 대한 확신을 갖는 것이 가족과 나에게 선명한 자유를 준다는 것이다. 물론 부모들이 자녀에게 "이렇게 이렇게 살아가는 것이 더 안전해." 하면서 강요하기도 하고 "내가 너를 위해 이렇게 고생을 하고 있으니 너는 내가 원하는 대로 해야 해."라고 하기도 한다. 그건 세상과 미래에 대한 불안, 그리고 부모 역시 가보지 않은 길에 대한 두려움, 그 길이 더 잘되는 길이라는 '오해 섞인 확신'에서 비롯된다. 우리는 모두 서툴고 불확실하고 불안한 마음을 가지고 있다. 그렇기에 자기 자신을 신뢰하는 힘으로 나아가는 것이 가장 단단한 길이다. 적어도 나를 가슴 뛰게 하는 꿈이 분명하게 있는데도 가족을 위해 어쩔 수 없이 꿈을 포기하거나 자신의 삶을 희생하는 쪽으로 걷지 말라고 당부하고 싶다. 가족이 의존과 희생으로 연결되어 있으면 그 안에서 지치는 사람이 반드시 생겨나게 된다. 각자가 하나의 주체로서 자신의 삶을 살아내고 그것을 응원하고 박수를 보내는 가족이야말로 가장 건강한 모습이라고 할 수 있다. 화목한 가족은 서로의 희생을 강요하는 것이 아니라, 저마다 자기 인생의 주인공으로 살아가는 사람들이 모여 있는 모습이리라.

폴라는 긴 고민 끝에 마음 안에서 울려 나오는 꿈을 따라가기로 한다. 폴라는 무엇보다 소중했기에 떠날 수 없었던 부모님에게 자신의 목소리로 자신의 독립을 선언하는 이별의 노래를 바친다. 나는 이제 좁은 새 둥지를 벗어나 나의 날갯짓으로 다른 숲으로 날아가 보겠노라고. 그 과정이 잘되든 안 되든 그것은 나의 선택이자 책임이며, 부모님을 위해 나의 꿈을 접는 것이 서로를 위하는 길이라고 착각하지 않겠다고 노래한다. 노래를 마친 폴라를 향해 "브라바(BRAVO, 여성에 대해 사용)"를 끝없이 외치는 부모님. 그들은 이제 자신들의 삶을 서로에게 의존하지 않고 꾸려나갈 주체들로서 온전한 가족이 된다.

누구에게나 이런 시간은 분명 온다. 여러분은 아마 둘 중 하나일 것이다. 벌써 다가왔거나, 마음의 준비를 해야 하거나.

그 길 앞에 서 있는 그대들과 이 노래를 같이 듣고 싶다.

비상

노래 : 폴라 벨리에

사랑하는 부모님, 저는 떠나요.

두 분을 사랑하지만, 저는 떠나요.

오늘밤이면, 더 이상 부모님 곁에 제가 없을 거예요.

저는 도망치는 게 아니라 날아오르는 거예요.

부디 이해하세요. 전 날아가요. 전 날아올라요.

저는 길을 떠나며 스스로에게 물어봐요.

제 약속과 열망은 앞으로 나아가고 싶어 해요.

나 자신에게 약속한 내 인생을 믿을 뿐.

멀어지는 기차 안에서 왜, 어디로, 어떻게 갈지를 생각해요.

이 새장은 참 이상해요. 내 가슴을 짓누르고 있어요.

더 이상 숨을 쉴 수가 없어요. 노래를 할 수가 없어요.

사랑하는 부모님, 전 떠나요. 두 분을 사랑하지만 전 떠나요.

저는 도망치는 게 아니라 날아오르는 거예요.

저는 날아올라요. 날아올라요.

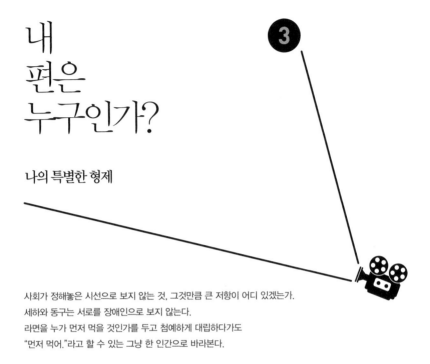

내
편은
누구인가?

나의 특별한 형제

사회가 정해놓은 시선으로 보지 않는 것, 그것만큼 큰 저항이 어디 있겠는가.
세하와 동구는 서로를 장애인으로 보지 않는다.
라면을 누가 먼저 먹을 것인가를 두고 첨예하게 대립하다가도
"먼저 먹어."라고 할 수 있는 그냥 한 인간으로 바라본다.

　　먼저, 밝혀 둘 얘기가 있다. 이 영화 〈나의 특별한 형제〉는 장애
인 영화가 아니다. 흔히 장애인이 등장하는 영화는 장애인의 인권을
옹호하고 장애인에 대한 의식을 바꾸기 위해서 만들어졌을 거라고
생각한다. 이 영화에 대한 리뷰를 찾아보면, 역시나 초점이 장애인
을 바라보는 시선에 많이 가 있는 것을 볼 수 있다. 이 영화에서 그
런 부분을 많이 찾을 수 있기는 하지만, 그것만으로 이루어진 영화
가 아니라는 걸 먼저 얘기하고 싶다.

온전하게 바라보는 것이 사랑이다

장애인이 등장하는 영화는 참 이상하게도 장애인 인권과 사회적 시선에 목적을 둔다고 생각하게 된다. 이게 이상한 이유는 이렇다. 비장애인이 등장하는 영화를 보면서 비장애인의 인권이 어떠하며 비장애인을 어떻게 바라봐야 할지, 비장애인이 얼마나 이 사회에서 팍팍한 상황에 놓여 있는지의 차원으로 보지 않는다. 그냥 한 인간의 삶과 깨달음이 초점이 되지 않는가. 이 영화 역시 그런 선상에 놓고 봐주기를 바란다. 여기에 번외로 비장애인이 주가 된 사회에서 장애인이 겪어야 하는 특별한 일이나 비장애인이 장애인을 어떻게 분리하고 오해하는지까지 얻으면 더할 나위 없이 좋다. 다만 거기에 온통 그대의 시선을 빼앗기지 않았으면 하는 것이다.

이것을 분명하게 밝혀야 이 영화를 두고 우리가 나눠야 할 이야기가 분명해진다. 이 영화는 인문학적 차원에서 말하자면 사람 이야기다. 좀 더 감성적으로 말하자면 우리 이야기다. 이 글을 쓰고 있는 나와 그대 모두가 이 영화 안에 들어가 있다. 영화를 보는 동안 큰 동요가 일어나지 않을지도 모른다. 우리가 보통 말하는 '잔잔한 영화'라고 할 수 있지만, 이 영화의 정체성은 매우 저항적이다. 그것을 발견할 수 있는 눈이 그대에게 있을 것이다. 본론에 들어가기 전 서두에 유독 열의를 쏟는 이유는, 여러분은 이런 눈을 가졌으며 이런 눈을 유지할 힘이 있다고 신뢰하기 때문이다.

아, 그리고 (갑자기) 이 자리를 빌려! 이 영화에서 배역을 맡아준 배우들에게 감사를 표한다. 그들의 선택이 이 영화를 탄생하게 하였음에 깊이 감사하고 싶다. 어느 지점에서 '어머, 이 역할은 꼭 해야 해!'라고 생각했을까? 그 이유가 시나리오든, 감독과의 의리든, 개인적 여건이든 그 결정에 감사를 보낸다. 영화를 이끌어가는 배우의 힘은 강력한데, 이 영화의 배우들은 강건한 눈빛과 온전한 연기로 등장인물들을 이 사회의 흔한 시선(장애인을 향한 동정이나 낯설어하는 것 등)에 머물게 두지 않았다. 전혀 망설임 없이 세하와 동구에게 감정이입이 될 수 있게 해주어 반갑다는 말을 하고 싶다.

자, 그럼 영화 속으로 함께 들어가 보자. 영화 속 두 주인공은 서로에게 꼭 필요한 존재이면서 완벽한 삶의 파트너다. 몸을 마음대로 쓰기 어렵지만 머리가 똑똑한 세하는 동구의 머리가 되고, 지적 능력이 어린아이에 멈춰 있지만 힘이 세고 몸을 잘 움직이는 동구는 세하의 손발이 된다. 두 사람은 이렇게 서로가 있음으로 인해 한 사람 몫의 사회적 역할을 해내고 자신들이 가진 것을 최대한 발휘해서 세상에서 가장 맛있는 발명품인 라면도 먹을 수 있다. 그들이 함께 있을 때, 세하의 몸이나 동구의 머리는 문제가 되거나, 장애로 인식되거나, 보호받아야 할 대상이 되지 않는다. 그들은 어디든 갈 수 있고, 어떤 말도 전할 수 있고, 경제 활동을 하며, 서로에게 웃음과 의지를 주면서 단란하게 살아간다.

그런데 이 두 사람의 완벽한 삶을 방해하는 이들이 있다. 바로 이 사회가 만들어놓은 기준이 옳은 것이라고 믿는 사람들이다. 더 나은 삶을 살도록 보호한다는 명분으로 두 사람을 분류하고, 두 사람이 완벽하게 살아가는 모양을 파괴한다. 보호라는 명목 아래 세상을 살아갈 기회나 세상과 연결될 기회를 빼앗는 사회 구조는 이 둘의 관계를 방해하는 존재로 등장한다.

　동구의 엄마 역시 마찬가지다. 동구가 온전하지 못하다고 생각하고 어릴 적 그를 길 한가운데에 내버렸다. 그리고 다시 돌아와서도 동구가 온전하지 못하니 보호해야 할 대상이라고만 인식한다. 아무것도 하지 말고 가만히 있는 것이 동구가 할 수 있는 최상의 일이라고 말한다. 동구를 가만히 곁에 두는 것으로 자신의 죄책감과 엄마로서 해야 할 역할을 해내고 있다고 생각하는 듯하다. 그런 시선 앞에서 동구의 행동은 무엇을 하든 방해가 되고 만다. 그래서 세하와 있을 때는 누군가에게 꼭 필요한 존재였던 동구가 엄마와 있을 때에는 아무짝에도 쓸모없는 존재가 된다. 식당 계산대 옆에 가만히 앉아 있어야만 하는 존재. 그것이 동구 엄마가 동구에게 요구하는 모습이자 동구를 바라보는 시각이다. 세하 역시 동구와 있을 때는 뛰어난 두뇌로 둘이 잘 먹고 잘 지낼 수 있는 아이디어를 내 생산성을 발휘하지만, 동구가 아닌 다른 사회봉사자에게는 그저 먹이고 닦이고 돌봐줘야 하는 그 이상도 이하도 아닌 존재일 뿐이다.

　앞서 영화 〈코코〉 이야기를 하면서 가족은 사랑으로 이루어졌다고 말했다. 이 말은 사랑이 있다면 가족이 될 수 있다는 것을 의미한다. 꼭 부모가 있어야만, 핏줄로 맺어진 관계여야 가족인 것은 아니다. 부모와 가족이 서로를 사랑하는 방식이 서투르거나 잘못된 사랑을 할 수도 있다. 전통적으로 가족은 친부모와 친자녀, 친형제로 연결되어 서로를 아끼고 사랑하는 사이를 뜻하지만, 서로의 사정과 여건으로 인해 그러지 못하기도 한다. 그릇된 생각으로 가족이 오히려 상처를 주고 가장 아프게 하기도 한다. 사랑이란, 제대로 바라볼 줄 아는 힘, 한 존재를 온전한 존재로 인정하는 힘으로 해석할 수 있다. '사랑하는 가족'은 혈연으로 이뤄진 관계에만 해당하는 말이 아니며, 한 존재를 사랑과 온전한 인정으로 수용한다면 어떤 관계든 가족이 될 수 있다고 영화는 말하고 있다.

함께 살아가기 때문에 강하다

영화는 세하와 동구가 서로의 강점을 발휘하여 살아가는 장면을 아주 유쾌하게 그려낸다. 비장애인이 다수이고 기득 세력이기에, 이 사회는 온통 비장애인 중심으로 설계되어 있다. 층위가 있는 건물에 엘리베이터가 없는 곳은 있지만 계단이 없는 곳은 없다. 계단만 있고 경사로가 없다면 그 건물에 출입할 사람은 '계단을 걸어 올라갈 수 있는 사람'으로 규정된다. 우리가 스쳐 지나가듯 생각해봤거나 혹은 한 번도 생각해보지 않았을지도 모를 '사회의 기본값'이 어떻게 설정되어 있는가를 한번 살펴보자. 이렇게 생각의 범위를 넓혀 보는 것을 포괄적 안목이라고 할 수 있겠다. 아마도 우리가 누리고 있는 기본값이 '특혜'가 아닌 '기본'이라고 생각될 것이다. 그렇다면 기본값에 진입하지 못하는 사람은 '기본 미만'이 된다. 사회적 약자에 대해 이해하고 싶다면 우리가 누리고 있는 것이 기본이나 정상이 아니라 특혜라는 인식이 필요하다. 이처럼 비장애인이 기본값인 사회에서 지체 장애인 세하와 지적 장애인 동구의 삶은 분명 불편하고 어렵다. 그런데 영화 속 그들의 생활을 보면 '와, 진짜 재미있게 산다'라는 생각이 절로 든다. 돈을 벌기 위해 자신들이 어떤 일을 할 수 있을지 아이디어를 내고, 매일매일 꼭 해야 하는 것을 성실하게 하며, 라면을 누가 먹을지를 두고 친형제처럼 치열하게 싸우거나 양보하거나 하는 등의 일상을 보낸다. 서로가 서로에게 자신의 강점을 제공하고 상대방의 약점을 채우는 '가족'이다.

그들이 재미있게 사는 모습을 제대로 보거나 보려고 한 적 없는 사회는 그들을 (자기들이 정해놓은) 분류 기준에 따라 갈라서 보호하고 그들의 삶을 전혀 다른 모습으로 이동시킨다.

"누구나 태어났으면 그 삶에 대한 책임을 져야 하기 때문에 '책임의 집'이라고 이름을 지은 거야."

그들이 스스로의 삶을 책임지지 못하게 하는 것은 그들의 신체적 능력일까, 이 사회의 구분일까? 이 사회는 그들이 가진 강점을 살릴 기회를 주지 않으면서 그들을 분리할 시설을 제공하고, 돌볼 사람을 제공하고, 여러 사회적 지원 제도와 할인 등을 제공한다. 그러면서 마치 특혜를 제공하는 것처럼 군다. 이런 이상한 특혜를 주면서 그들을 '가만히 있어야 하는 존재'로 전락시킨다. 이것은 비단 이 영화 주인공들만의 이야기가 아니다. 그들 자신의 삶을 스스로 책임질 수 없을 거라는, 미성숙해서 스스로 삶을 꾸려갈 수 없을 거라는 생각이 많은 이들에게 '사실처럼' 적용된다. 대체 어떤 기준을 충족해야 자신의 삶을 책임지고, 성숙한 생각을 하며, 온전하게 인정받을 수 있을까? 그 자격은 몸의 기능일까, 나이일까, 학력일까, 직업일까, 인종일까, 성별일까?

이 땅에는 수많은 아동청소년이 아동으로서 청소년으로서 살아가고 있다. 그러나 그들의 삶은 어른들이 정해놓은 틀 안에서 분리되고 보호되며 가만히 시키는 대로 하는 것이 가장 잘하는 것으로 인식되어 있다. 나이가 많다는 것은 또 어떤가? 취업을 아직 못한 것은 어떤가? 사회적으로 어엿한 무언가가 되지 못한 것에 대해서는 어떤가? 이 영화는 기본값에서 열외가 된 이들에게 바치는 위안 같은 영화이다. 사회적으로 불완전하다고 눈총을 받는 대상에게 스스로를 향해서는 그런 시선을 거두어도 된다고 말한다. 이 영화의 각본과 연출을 맡은 육상효 감독의 인터뷰 기사를 읽다가 적어둔 문장이 있다.

"강자는 세상을 혼자서 살아가지만 약자는 함께 살아간다. 함께 살아가기 때문에 실은 강자보다 더 강하다는 것을 이 작품을 통해 말하고 싶었다."

사회적 강자, 어른, 권력층, 사회 구조, 자본주의와 물질우선주의, 경쟁과 서열의 사회. 이 안에서 약자들의 연대는 방해를 받는다. 장애인들끼리 삶을 꾸려갈 연대의 기회, 청소년들끼리 교육제도를 비판하고 구성할 연대의 기회, 노인들끼리 서로의 이웃으로 지낼 연대의 기회 등. 약한 고리가 이어졌을 때 그것을 감싸서 단단하게 지켜주는 것이 강자들의 역할이고 진정한 의미에서의 보호일 텐데 그 약한 고리를 끊어내는 것으로 무력화시키는 사회 구조를 우리는 수시로 확인하고 저항해야 한다. 서로가 가진 강점이 연결되면 가장 강건한 힘을 발휘한다. 강점이 강점일 기회를 제공하지 않는 사회에 끊임없이 아니라고 외치기를 기대한다. 청소년들은 특히 각자의 강점으로 결합할 기회를 얻기보다는 같은 기준 안에서 서로 다른 강점을 가지고 경쟁하고, 기준에 부합하기 위해 자신의 강점을 깎거나 변형하거나 포기하는 선택을 하고 있다. 그대들에게는 이 기준을 거절하고 연결될 권리가 있다는 걸 기억하자.

저항이라는 말이 뭔가 거대해 보이고 부담스럽게 느껴지는가? 우리가 지금 당장 할 수 있고 의미가 큰 저항은 스스로를 약한 존재로 보지 않는 것이다. 피동과 수동의 존재가 아닌 능동의 존재로 보는 것. 사회가 정해놓은 시선으로 보지 않는 것, 그것만큼 큰 저항이 어디 있겠는가. 세하와 동구는 서로를 장애인으로 보지 않는다. 라면을 누가 먼저 먹을 것인가를 두고 첨예하게 대립하다가도 "먼저

먹어."라고 할 수 있는 그냥 한 인간으로 바라본다. 그래서 그들은
핏줄이나 법적인 부모와 형제로 묶이지 않았지만 가장 가족에 가까
운 모습을 하고 있다.

새로운 가족의 탄생, 우리 모두

로이스 로리의 그림책《무자비한 윌러비 가족》을 각색한 애니메
이션 〈윌러비 가족〉은 지금까지와는 전혀 다른 방식의 가족 이야기
를 들려준다. 자식들에 대한 사랑은 전혀 없이 오직 부부로서 둘만
의 사랑에만 집중하는 부모와 그런 부모를 버리고 고아가 되고 싶
은 아이들의 이야기다. 아이들은 자신들을 향한 사랑이 없는 정도
가 아니라 존재 자체를 싫어하는(심지어 혐오하는) 부모와 떨어질 궁리
를 하고, 부모는 둘만의 사랑을 방해받지 않을 수 있게 아이들과 떨
어질 궁리를 한다. 그동안 영화에서 다뤄오던 방식의 가족 이야기와
는 사뭇 다른 생소한 설정은 설마 하는 순간 영화 중반부를 건너 결
말까지 이어진다. 드디어 부모는 자신들의 실수를 깨닫고 자식들에
대한 진실한 사랑을 발견하며 아이들은 부모의 사랑을 받으면서 행
복하게 살게 된다는 마무리…는커녕, 부모와 아이들은 영원히 이별
하고 아이들은 자신들이 직접 선택한 가족과 함께 살아가는 것으로
영화가 끝난다. 부모 대신 자신들을 돌봐줬던 유모와 마을의 사탕공

장 사장과 윌러비 네 남매 그리고 어디에서 나타났는지 모를 아기 루스까지, 이들은 새롭게 조합된 형태지만 오랜 세월 가족이라는 단어 앞에 수식어로 쓰여 온 '화목한' 가정의 모습을 보여준다. 영화가 끝나고 이 결말을 어떻게 받아들여야 할지 며칠을 고심했던 기억이 난다.

이 애니메이션이 개봉했을 때 많은 부모가 아이들에게 보여주면 안 되는 '절대적으로 어른용 애니메이션'이라고 말하기도 하고, 시대를 앞서가는 내용이라고 감탄하기도 하고, 자신들을 돌아보며 반성했다고 하기도 하는 등 다양한 반응을 보였다. 핏줄로 이어지긴 했지만 사랑이 전혀 없는 가족(사랑이 없는 정도가 아니라 아동학대를 일삼는)에 대해서 이토록 냉소적인 비판을 애니메이션 색감으로 아름답게 그려냈다는 것에 영화를 보는 내내 묘한 충격과 감탄이 일었다.

우리 사회는 아직 철저하게 가족 중심으로 연결되는 사회다. 자녀는 부모에게 귀속된 개념이 강하며, 한 사람이 온전한 사회인으로 독립할 때까지(취업이나 결혼, 장애 극복 등) 책임지고 돌봐야 하는 역할이 가족에게 강요된다. 그런데 이러한 가족주의를 새롭게 조망하고, '가족은 사랑이 있어야 한다'에서 '사랑이 있는 곳이 가족이다'는 개념을 새롭게 쓰고 있다. 이미 결정된 가족을 부정하고 새로운 조합의 가족을 탄생시킨 것이다.

〈윌러비 가족〉과 〈나의 특별한 형제〉는 모두 가족 영역의 용어를 쓰고 있지만, 우리가 그동안 보아온 가족의 모양이 아니다. '윌러비 네 남매+유모+사탕공장 사장+버려진 아기'의 결합과 '지체 장애 세하+지적 장애 동구+취업준비생 미현'이 가족의 형태를 이룬다. 이들 사이에 남녀 관계의 사랑이나 가족이라는 존재가 간절히 필요해서 입양하는 절차 등은 주요하게 다뤄지지 않는다. 그런 것보다 더 중요한 건 서로를 인정하고 잘 어우러지는 것이며, 그것이 곧 '가장 완벽한 가족의 모양'이라는 것을 보여준다. 그러면서 가족끼리 서로의 존재를 제대로 인정하지 않는다면 가족으로서의 의미가 없다고도 말한다.

동구는 세하 곁을 떠나 그리워하던 엄마와 함께 살게 된다. 엄마의 새로운 가족이 동구의 가족이 되고, 동구는 비로소 완전체의 가족이 생긴 것처럼 보인다. 화목한 가족을 상징하는, 네 식구가 식탁에 둘러앉아 밥을 먹는 장면. 가족은 동구를 환영하는 의미에서 하나씩 선물을 건넨다.

이 장면에서 가족이 동구를 어떻게 바라보고 있는지가 극명하게 드러난다. 선물은 뽀로로 장난감, 인형 등으로, 다섯 살 아이의 지능을 가진 동구에게 적합한 선물로 보인다. 그러나 동구는 수영도 잘하고, 휠체어도 잘 밀고, 해야 할 일을 새벽에 일어나 성실하게 해내는 한 사람이다. 가족의 선물에 동구는 간단한 행동으로 자신을 증명한다. 밥을 떠서 고등학생 동생의 입에 넣어주려고 한 것. 이 행동은 세하를 챙기면서 생긴 습관이기도 하지만, 동구가 누군가의 식사를 책임질 정도의 역할을 해왔음을 보여준다. 그렇지만 새로운 가족 안에서 동구는 그저 장난감을 갖고 놀고, 차려주는 밥을 먹고, 제발 가만히만 있어야 하는 존재로 바뀐다.

동구는 그동안 그래왔듯이 엄마가 운영하는 식당에서도 자신이 할 수 있는 일을 해보려고 시도한다. 그러나 번번이 그것들에서 분리돼 엄마가 지키는 계산대 옆에 가만히 앉아있도록 강요받는다. 엄마는 손님들에게 "죄송합니다."만 반복하면서 동구를 죄송한 위치에 놓아둔다. 동구는 식당이라는 같은 공간에 있지만 그 공간 안에서 누구와도 어울리거나 섞일 수 없게 철저하게 분리된다.

이 영화는 가족이 어떠해야 한다는 것을 '가족'이라는 구성원으로 설명하지 않는다. 어떻게 가족이 되었느냐가 아니라, 사람과 사람 사이에 무엇이 흐르고 있으며 서로를 어떤 존재로 인식하고 있는지가 가족의 가장 중요한 덕목이라고, 즉 더 큰 의미로는 인류애라고 말하고 있다. 이는 고전적 의미로서의 가족에게도 깨달음을 주는 동시에 우리가 어떻게 연결되고 함께할 것인지를 발견하게 한다. 누가 누군가를 보호하고 관리하고 통제하는 것이 아니라 주체 대 주체로 연대하여 함께 살자고 말한다. 아직도 법적 가족에 의존하고 갇혀 있을 수밖에 없는 것은, 가족 외에는 연결과 연대를 채워주지 못하는 분리되고 경계 지어진 사회 시스템 때문인지도 모르겠다. 서로가 서로에게 '특별한 형제'가 되어준다면, 가족에게 책임과 의무가 부여되는 대신 사랑과 독립으로 연결된 관계로 살아갈 수 있지 않을까?

우리가 가족을 다른 시각으로 보면, 다시 말해 서로를 한 사람의 존재로 인정하는 가운데 연결된 사람들을 가족이라고 할 수 있다면, 가족의 수는 한계가 없다. 나를 알아주는 친구, 그 친구의 친구, 이웃들, 이 시대의 진정한 어른들, 사회 전체가 가족이 될 수 있다. 연결과 연대가 이루어진다면 이처럼 이상적인 인류애, 즉 가족이 어디 있겠는가. 그대, 나의 가족이 될 준비가 되어 있는가?

끝으로 이 영화의 탄생에 깊은 감사를 보낸다. 장애가 극복해야 할 대상이거나 연민과 도움이 필요한 것만은 아니라는 것을 장애인을 통해 보여줘서 고맙다. 분명 그런 이야기를 담고 있을 거라는 나의 뻔한 짐작을 깨주어 감사하다. 그동안 장애인이 등장하는 영화에서 관객의 시선은 항상 그 장애인에게 머물러 있었다. 이 영화는 영화 속 장애인을 관조하듯이 바라보도록 하지 않고 나 자신에게로 시선을 옮겨올 수 있도록 하는 영화여서 멋지다. 장애인은 자신의 장애를 극복하고 인간승리를 해야 잘 사는 것이라는 시선의 한계를 넘어주어 반갑다. 잘 어우러져 즐겁게 라면을 먹으며 잘 지내는 이들의 모습에서 우리의 시선이 달라질 수 있다는 희망을 본다.

4장

 우리가 꼭 알아야 할
인생철학

더 잘 외우고, 더 냉철하고, 더 이성적이 되어서
인간미를 잃는 것이 아니라,
서툴고, 실수하고, 아파하고, 공감하고, 누군가를 웃게 하고, 같이 울고,
자신의 실수와 질투를 통해 인생철학을 발견하는 것.
이러한 것들이 우리의 삶을 이루고 있다.

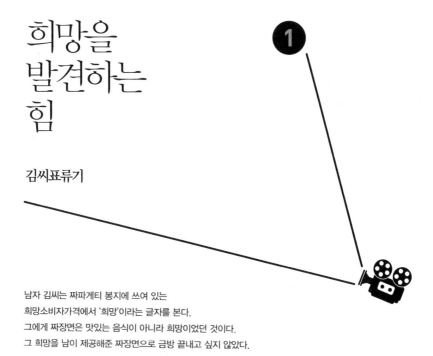

희망을
발견하는
힘

김씨표류기

남자 김씨는 짜파게티 봉지에 쓰여 있는
희망소비자가격에서 '희망'이라는 글자를 본다.
그에게 짜장면은 맛있는 음식이 아니라 희망이었던 것이다.
그 희망을 남이 제공해준 짜장면으로 금방 끝내고 싶지 않았다.

'악당이 매력적이어야 작품이 성공한다'는 말이 있다. 거의 모든
영화나 드라마에는 악당(글의 흐름상 악역까지 포함하여 이하 악당이라고 지칭하
기로 함)이 등장하고, 그 악당이 악랄하고 공격적일수록 주인공이 돋
보인다. 드라마에서 순간 시청률이 가장 높게 나올 때가 바로 악당
이 등장할 때라고 한다. 악당도 시대에 따라 다르게 묘사되는데, 예
전 영화의 악당들은 전후 사정없이 그냥 나쁜 존재로 설정되었다.
주인공을 괴롭히는 나쁜 역할이 악당의 유일한 정체성으로, 주인공

과는 차원이 다른 존재로 대상화되었다.

영화에서 악당은 왜 맨날 지게 되는 걸까?

🏆 그런데 지금은 악당들에게도 그렇게 될 수밖에 없었던 사연이 있다. 어릴 적 겪은 커다란 사건이나 안타까운 사연이 결합되면서 악당 역시 보통 존재라는 걸 보여준다. 심지어 우주의 안위를 걱정하는 심오한 철학을 가지고 있기도 하다. 그 심오한 철학이 인류의 절반을 희생시키는 선택으로 이어져 악당의 자리에 있게 되지만 말이다. 영화와 드라마에 등장하는 악당은 인간의 욕망을 대변하는 동시에 누구라도 잘못된 생각과 선택으로 악당이 될 수 있음을 시사한다. 이러한 변화로 관객들은 악당의 마음도 이해가 간다고 말한다. 그러나 악당의 마음과 사연을 이해는 해도 대부분 악당이 승리하기를 바라진 않는다. 악당이 주인공에게 패배하는 모습을 보면서 결국 그렇게 될 줄 알았다는 반응을 보이거나, 악당이 적어도 자신의 잘못을 깨닫고 뉘우치면서 새로운 삶으로 나아가기를 기대한다.

그런데 악당은 도대체 왜 그렇게 맨날 지게 되는 걸까? 흥미로운 것은 늘 악당이 주인공보다 힘이 세고 아무리 강력해도 결국은 지는 결말을 맞이한다는 것이다. 일반적으로 영화 초반에는 주인공이 악당에 비해 약하게 묘사된다. 악당과의 대결에서 결코 이기기 어려울 거라는 쪽으로 분위기를 몰아가며 지켜보는 관객 모두를 긴장시킨다. 최근 10년 사이에 영화계에 압도적인 존재로 부상한 마블 어벤져스 군단의 영화들 역시 악당이 점점 진화한다. 아무리 능력치가 좋은 히어로들도 절대 이길 수 없는 강력한 타노스까지 등장한다. 그런데 도대체 왜 우주의 절대 능력자 타노스마저도 악당이 결국 지게 되는 운명을 피해갈 수 없었던 것일까?

먼저 악당들의 운명을 생각하기에 앞서, 주인공에게는 있고 악당에겐 없는 것이 무엇인지 생각해보자. 분명 악당이 주인공보다 더 힘이 세고 공격력이 강한데도 결국에는 항상 주인공이 이기게 되는 이유는 무엇일까? 영화 〈쿵푸팬더 3〉에서는 〈쿵푸팬더〉 1탄이나 2탄과는 비교도 되지 않을 만큼 강력한 악당이 등장한다. 1탄은 주인공처럼 사부의 인정을 받고 싶었던 '타이렁'이, 2탄에서는 사부들도 무릎을 꿇는 대포라는 무기를 사용하는 '쉔'이, 3탄에서는 사부들의 영혼도 모두 삼켜버리는 영혼계에서 내려온 '카이'가 악당이다. 주인공 팬더 '포'는 1탄과 2탄에서도 겨우겨우 악당을 물리쳤는데, 3탄에서는 도저히 이길 수 없을 것만 같다. 이미 사부들의 영혼마저 악당이 잠식했는데 도대체 무슨 힘으로 악당을 이길 수 있단 말인가.

자, 이제 여러분의 생각이 등장해줘야 할 순간이다. 주인공에게는 있고 악당에게는 없는 것은 무엇일까? 영혼계의 악당 카이에게 주인공 포의 영혼이 거의 잠식되어 가던 극한의 순간에 포를 향해 손을 뻗는 사람들이 있다. 포의 주변 사람들은 자신들을 살리기 위해 기꺼이 영혼을 희생하고 영혼계에서 고군분투하는 포를 향해 손을 뻗는다. 그에게 힘이 될 수 있도록 온 마음(영화에서는 이것을 '기'로 표현한다)을 동원해 마음 에너지를 보낸다. 포를 낳아준 아빠와 포를 길러준 아빠, 포의 아주 친한 친구, 그리고 포를 사랑하는 수많은 팬더 이웃들이 그를 향해 에너지를 집중한다. 포를 응원하는 온 마음을 손에 실어서 영혼이 잠식되어 가던 포의 심장과 포의 몸 세포에 보내고, 그 마음 에너지가 힘이 되어 포의 영혼이 구출된다. 이승과 저승이라는 그 멀고 먼 경계에서도 결국 주인공 포를 살린 것은 강력한 연결의 힘이었다.

'넌 혼자가 아니야. 우리가 있어.'

주인공에게는 있고 악당에게는 없는 것, 그것은 바로 '연결의 힘'이다. 악당의 목표는 자신이 승리하는 것이고, 자신이 승리하기 위해서 다른 존재는 희생되어도 무방하다는 태도를 취한다. 자신 주변의 존재들 역시 자신의 승리를 돕는 사람들이지 동반자는 아니다. 그래서 악당 그룹에서는 항상 내분이 일어난다. 자신의 이익이 무엇인가에 초점을 둔 사람들끼리는 분열이 일어날 수밖에 없다. 이 말은 같은 편이라 하더라도 결코 연결되어 있지 않음을 의미한다. 초반에는 악당보다 나약하고 평범해 보일지라도 더없이 강력해 보이는 악당을 이겨내는 주인공에게 있는 것은, 악당이 추구하는 '나'만의 힘이 아니라 '우리'의 힘이다. 혼자 힘으로는 절대 이길 수 없지만, 수많은 혼자가 모여 '우리'가 될 때 그 힘은 가장 강력하고, 가장 든든하며, 가장 큰 버팀목이 된다.

물질만능주의, 외모지상주의라는 악당으로부터

악당이나 악역이 등장하지 않는 영화가 있다. 그래서 이 영화가 흥행하지 못한 걸까? 그런데 개봉한 지 10년이 넘어가는 지금도 이 영화를 기억하는 사람들이 많다. 흥행 대비 좋은 평가를 받는 영화, 바로 〈김씨표류기〉다. 이 영화는 '포스터 망작'이라는 별명을 가지고 있다. 영화가 가지고 있는 철학과 재미 그리고 의미하는 것이 깊은데 영화 포스터를 너무 가볍게 만들었다는 것이다. 포스터가 영화를 잘 나타내주지 못하고 마치 가벼운 코미디 영화, 주제와 장르를 짐작할 수 없는 영화, 가볍기 그지없을 것 같은 영화로 느껴지게 한다고들 한다. 그래도 영화를 본 사람들은 이렇게 이야기한다.

"오! 그 영화 진짜 좋더라고요."

먼저 이 영화 제목이 왜 '김씨표류기'일까를 같이 생각해보자. 영화가 말하고자 하는 메시지를 더 알아내고 싶을 때에는 영화 제목에 관한 사색을 해봐도 좋다. '왜 그 영화는 제목을 그것으로 했을까?' 하는 고민이 영화의 의도에 가깝게 다가가는 한 방법이다. 〈김씨표류기〉, 왜 제목에 '김씨'가 들어갈까? 주인공이 김씨라서 그렇겠지. 오, 맞다. 영화에 등장하는 남자 주인공과 여자 주인공 모두 김씨다. 그냥 주인공 이름 설정이 이유라고? 뭔가 더 있을 것이다. 우리나라 성씨 중 가장 많은 성씨가 어떤 성씨인지 소문 들었는가? 빙고! 김씨다. 김씨는 영어 예문에서도 종종 한국 사람을 대표하는 성씨로 등장한다. 영화 제목에 김씨를 넣은 것은 대한민국 사람 전체를 은유적으로 표현하고자 함이 아니었을까? 우리나라 대부분의 사람이 표류하고 있다는 의미로 해석하면 딱 떨어지지 않는가? 그렇다면 어디에서 표류하지? 바로 물질만능주의와 외모지상주의의 바다에서! 돈과 외모가 가장 중요한 것처럼 인식되는 사회에서 표류하며 서로 각자의 섬에서 타의에 의해 또는 자발적으로 외로움에 휩싸여 고군분투하는 것. 이 정도로 정리하기로 하자. 이 영화는 할얘기가 많으니.

이 영화에는 악당이 등장하지 않는다. 대신 악당을 능가하는 무형의 거대한 악(惡)이 영화 전반에 도사리고 있다. 그 능력과 폭력성이 우주의 절반을 절멸하는 타노스를 능가한다. 바로 사람보다 돈이 중요하고, 돈이 없으면 무능하고 내쳐져야 할 존재이며, 외모가 뛰어나야 사람들의 눈길을 끌 수 있다는 공고한 의식.

남자 김씨는 물질만능주의, 자본주의로부터 자신을 배제하기 위해 혹은 탈출하기 위해 한강으로 뛰어내린다. 빚이 너무 많고 빚을 갚으라는 독촉에 시달려 자신에게 더 이상 희망이 없다고 생각한 남자 김씨는 자살을 감행한다. 자살이라기보다는 물질만능주의 사회에 의해 자행된 타살이라고 볼 수 있다. 그런데 웬걸, 남자 김씨는 한강 물살에 떠밀려 목숨을 건지고 영화 〈캐스트 어웨이〉에서처럼 어느 섬에 표류한다. 장렬하게 무인도에 도착한 남자 김씨는 모래밭에 'HELP'라고 쓰고 건너편 아파트숲을 향해 살려달라고 외친다. 아파트숲? 엥? 지금은 여의도와 연결되었지만 예전에는 한강 한가운데에 있던 밤섬에 표류한 것이다. 무인도이긴 한데 서울이랑 너무나 가까운 한강 한가운데에서 남자 김씨의 표류기가 시작된다.

남자 김씨는 건너편 아파트숲을 향해 살려달라고 크게 소리치지만, 거리도 멀거니와 방음도 잘되는 아파트들이라 아무도 듣지 못한다. 수영해서 밤섬을 탈출하면 될 터인데 남자 김씨는 물 공포증도 있어 보인다. 이 물질만능주의 세상으로부터 분리되기 위해 한강으로 뛰어내렸지만 다시 그 세상을 향해 살려달라고 외치는 수밖에 없다. 자신을 구조해줄 사람이 없다는 걸 깨달은 김씨는 밤섬을 돌아보고는 생각보다 환경이 괜찮다고 여긴다. 그러면서 도시에서 떠내려 온 것들을 이용해 삶의 터전을 일군다. 세상으로부터 분리된 생활이 제법 괜찮다. 그래서 그는 물가 모래에 썼던 'HELP'를 지우고 그 자리에 'HELLO'라고 적는다.

한편 남자 김씨가 표류된 밤섬을 비롯해 한강이 훤히 내려다보이며 방음 잘되는 아파트에 사는 여자 김씨가 있다. 이마에 화상으로 생긴 듯한 흉터가 있는 여자 김씨는 화장실 말고는 자신의 방 밖으로 나가지 않는다. 온통 쓰레기투성이인 방에서 생활하면서 그 누구와도 소통하지 않는 은둔형 외톨이다. 온라인 공간에 외모가 예쁜 다른 사람의 사진을 도용해 가상의 자신을 만들고 매일 게시글을 쓴다. 자신의 가짜 사진을 보고 몰려든 불특정한 사람들의 '예쁘다'는 댓글을 보며 일상을 채운다. 현실의 자신은 외모지상주의 사회로부터 철저하게 격리시키면서 가짜 자신을 외모지상주의 사회에 등장시켜, 휘발성 칭찬을 들으며 하루하루를 보내는 것이다.

남자 김씨와 여자 김씨는 이렇듯 이 사회에서 스스로를 소외시킨 사람들이다. 자발적이라기보다는 사회 구조라는 거대한 악당으로부터 배제된 것이라 볼 수 있다. 악당의 덩어리가 너무 커서 개인이 대응하기에는 턱없이 부족하다. 그저 자신이 모자라고 가치 없고 쓸모없다고 자학하는 것이 그들이 할 수 있는 전부다. 두 김씨는 세상과의 연결을 끊는 방법으로 자신을 지켜가는 것인지도 모른다.

우리는 모두 누군가와 연결되고 싶어 한다. 분명 연결은 인간의 본성임에 틀림없다. 이건 두 김씨도 마찬가지여서 세상과 자신을 분리했지만 여전히 연결을 희망하고 있다. 남자 김씨는 자꾸만 모래 위에 'HELLO' 같은 말을 적는다. 이것은 어쩌면 세상과 연결되고 싶은 내면의 소리인지도 모르겠다. 여자 김씨는 자신의 몸은 철저하게 방 안에 가두었지만 온라인 공간에 자신의 아바타를 만들어 연결의 대리만족을 시도한다. 이렇게 그들은 겉으로는 세상과 떨어지고 싶어 하지만 속으로는 누군가와 연결되기를 바라면서 세상에 말을 걸고 있는 것이다.

남자 김씨의 'HELLO'는 여자 김씨에게 가 닿는다.

"Hello"

"How are you."

"I'm fine. Thank you. And you?"

그리고 이어지는 "Who are you."

거대한 악당으로부터 배제된 두 김씨가 서로와 연결되기 시작한 것이다. 어쩌면 소외에서 벗어날 수 있을지도 모른다는 희망이 싹트는 순간이다.

연결이라는 희망

이 영화에서 가장 역동적인 영향력을 끼치는 것이 '짜장면'이다. 남자 김씨가 밤섬에 모여든 온갖 쓰레기 사이에서 온전한 짜파게티 스프를 발견하는 순간부터 역동은 시작된다. 남자 김씨는 짜장면이 먹고 싶어서 어쩔 줄을 모른다. 밤섬에 고립되어 살면서 그냥저냥 끼니를 해결만 하면 된다고 생각했는데 짜장면, 이것만큼은 참을 수가 없다. 이전의 삶에서 짜장면을 먹을 수 있었던 기회에 '울면'을 먹은 자기 자신을 용서할 수 없을 정도다. 한번 먹고 싶어진 짜장면은 하루 종일 특별히 할 일이 없는 김씨의 일상에 파란을 일으킨다. 짜장면을 좋아하는 사람이라면 이 마음이 뭔지 알 것이다. 그리하여 짜장면을 먹기 위한 남자 김씨의 길고 긴 여정이 시작된다. 짜장 스프가 확보되어 있으니 면만 있으면 된다. 그래서 시작된 것이 옥수수 기르기. 옥수수를 심고(발견하고), 애지중지 기르고, 옥수수 알이 차기를 기다리는 모든 시간이 소중하다. 짜장면을 먹을 수 있다는 희망이 이 모든 시간을 견디게 한다.

이 모습을 지켜보던 여자 김씨는 남자 김씨를 돕고 싶다. 짜장면? 아이고, 그거 아주 간단하다. 중국집에 전화해서 배달시키면 바로 먹을 수 있는 게 짜장면인데. 짜장면 배달은 그 어디도 간다는 명예를 얻고 있기 때문에 밤섬 정도는 당연히 배달이 될 것이다. 여자 김씨는 여의도 근처 중국집 '진짜루'에 전화를 걸어 짜장면을 종류별로 주문해서 남자 김씨에게 보낸다. 자, 이제 남자 김씨는 그토록 먹고 싶던 짜장면을 여자 김씨 덕분에 먹을 수 있게 된 것이다. 두둥. 아니, 그런데 남자 김씨는 배달된 짜장면을 그냥 돌려보내는 것이 아닌가!

남자 김씨의 행동은 생각할수록 이해가 되지 않는다. 오직 짜장면이 먹고 싶은 욕망에 휩싸여 짜장면 생각만 하고, 누워서 짜파게티 봉지를 들여다보며 오직 먹을 날만 기다렸는데, 여자 김씨가 배달시켜준 짜장면을 왜 먹지 않고 돌려보냈을까? 오매불망 짜장면을 향한 마음을 어떻게 해석해야 하는가? 그가 먹고 싶은 것은 '짜장면' 그 자체가 아니었을지도 모른다는 의구심이 드는 순간이다.

드디어 옥수수 알이 차고 수확을 했다. 옥수수 알을 하나하나 떼어내고 곱게 갈아서 온 마음을 담아 반죽을 만들어 면을 완성한다.

삶은 옥수수면 위에 오랜 시간 성스럽게 간직해둔 짜장 스프를 붓는다. 그리고 마침내 자신이 '직접 만든 짜장면'을 입에 넣는다. 꾹꾹 눌러왔던 눈물이 터져 나온다.

중국집에서 주문한 짜장면보다 맛이 없을지도 모를, 투박하고 거친 그 짜장면은 남자 김씨에게 무엇이었을까? 그는 정말 옥수수면에 짜장 스프를 뿌린 음식이 먹고 싶었던 걸까?

"희망"

남자 김씨는 짜파게티 봉지에 쓰여 있는 희망소비자가격에서 '희망'이라는 글자를 본다. 그에게 짜장면은 맛있는 음식이 아니라 희망이었던 것이다. 그 희망을 남이 제공해준 짜장면으로 금방 끝내고 싶지 않았다. 밤섬에서 그가 가장 열정적으로 하루하루 즐겁게 살아가기 시작한 것이 짜장면을 스스로 만들어 먹겠다는 아이디어를 떠올리고 난 다음부터다. 돈을 주면 당장 사 먹을 수 있는 그런 시시한 짜장면 말고, 자신의 손으로, 자급자족으로 만들어낸 짜장면이 자신을 얼마나 위대하게 만들어줄 건지를 알았던 것이다. 물질만능주의, 능력주의 사회에서는 별 볼 일 없는 자신이 스스로를 위해 기꺼이 만들어서 제공한 짜장면. 이 짜장면은 자기 자신에게서 다시 발견한 희망이었다.

'나는 희망이 있는가?'

이 질문이 그를 한강에 뛰어내리게 했고, 밤섬을 탈출하고 싶지 않게 했다. 그리고 희망이 생기고 난 뒤에는 스스로에게 그것을 증명하려 했다. 자신이 그토록 먹고 싶었던 '희망'을 먹으며 흘린 눈물은 그런 의미가 아니었을까?

그대, 희망이라는 단어에 대해 얼마나 알고 있는가? 희망에 대해 들은 말 중 멋진 말이 하나 있는데 들어볼 텐가?

"희망은 선택의 문제다. 희망은 있다와 없다 둘 중에 하나만 존재한다. 나는 둘 중에 무엇을 선택할 건지만 결정하면 된다."

희망은 가능성을 말하는 게 아니라는 뜻이다. 미래를 가늠하고 그 일이 일어날 것인지 예측하는 차원의 것이 아니라, 단지 있다와 없다 중에서 내가 선택하는 것이다. 내가 '있다'를 선택하면 희망이 있는 것이고, '없다'를 선택하면 희망은 없는 것이다. 희망은 선택의 문제이지 가능성의 문제가 아니라는 것. 그대가 희망이 '있다'를 계속 선택한다면 그대의 삶에는 항상 희망이 존재할 것이다. 희망은 사람을 살게 하는 가장 강력한 힘이며, 나의 생명과 세상의 생명이 연결된 곳에 언제나 존재한다.

여자 김씨가 더 흥미롭게 살고 싶어 하게 되고, 자신의 원래 모습 그대로 밖으로 나갈 수 있게 된 것도 남자 김씨의 희망과 연결되면서부터였다. 여자 김씨는 남자 김씨가 돌려보낸 불어터진 짜장면을 먹으며 희망의 맛이라고 말한다. 그러면서 남자 김씨가 몰입하는 희망이 자신에게도 있을지 모른다는 희망을 품는다. 그 희망의 힘으로 여자 김씨는, 사람들에게 발견돼 밤섬에서 쫓겨난 남자 김씨를 향해 달리면서 남자 김씨의 예전 질문에 가쁜 숨으로 답한다.

"My name is, 김정연."

밤섬에 표류된 남자 김씨가 'HELP'가 아닌 'HELLO'라고 쓴 이유로 돌아가 보자. 그에게 필요했던 것은 누군가의 도움이 아니라 누군가의 안부였는지도 모른다.

"HELLO"

"I'M FINE. AND YOU?"

우리는 어쩌면 누군가가 '괜찮아?'라고 물어보지 않아서 '괜찮다'라거나 '괜찮지 않다'라고 말하지 못하는지도 모르겠다. 사람은 누구나 연결되고 싶어 하며, 연결되어 있을 때 자신의 힘도 전체의 힘도 강력해진다. 생명보다 물질이 우선인 사회, 외모가 출중하지 않으면 타인 앞에 설 수 없는 사회. 이 사회의 악당은 개인을 타인과 연결되는 것을 막고 '혼자'로 고립되게 밀어붙이는 폭력으로 전체의 힘을 무력화시킨다. 그 무력함 앞에 아무리 힘을 내려고 해도 혼자의 나약함에 좌절하다 결국 체념해버린다. 혼자의 힘은 아무리 키워도 혼자의 힘일 뿐이다. 영혼의 잠식으로부터 구조할 수 있는 것도, 타의적이며 자발적인 소외로부터 구출할 수 있는 것도 오로지 연결의 힘이다. 그리고 그 연결은 '안부'를 묻는 것에서 시작된다. 안부를 묻고 답하는 존재로서 스스로에게 거는 희망이 서로의 손을 잡게 한다.

"괜찮아요? 여기 우리가 있어요. 이 손을 잡아요."

그대, 세상과 연결되어 있는가? 자신 안에서 희망을 발견할 준비가 되었는가?

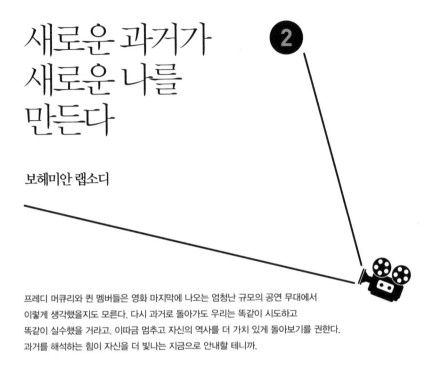

새로운 과거가
새로운 나를
만든다

2

보헤미안 랩소디

프레디 머큐리와 퀸 멤버들은 영화 마지막에 나오는 엄청난 규모의 공연 무대에서
이렇게 생각했을지도 모른다. 다시 과거로 돌아가도 우리는 똑같이 시도하고
똑같이 실수했을 거라고. 이따금 멈추고 자신의 역사를 더 가치 있게 돌아보기를 권한다.
과거를 해석하는 힘이 자신을 더 빛나는 지금으로 안내할 테니까.

　새로운 과거, 이런 말이 존재할 수 있을까? 과거는 이미 지나간
시간을 가리키는 말이고 지나간 시간 동안 일어난 일을 말하는데
과연 새로울 수 있을까? 지나가버린 것들이 새로워지는 비법이 있
을까? 만약 그런 비법이 있다면, 기꺼이 사용하겠는가? 그렇다면 여
기, 이 질문에 먼저 답해야 한다.

　"과거가 바뀔 수 있을까?"

　과거-현재-미래라는 시제의 차원에서 이것은 불가능한 문장이

다. 과학이 훨씬 더 발전해서 타임머신이 발명된다면 가능하겠지만, 지금으로서는 불가능하다. 만약 타임머신이 개발된다면, 그대, 과거를 바꿔보고 싶은가? 바꿀 수 있다면 나의 과거 가운데 어떤 일을 바꾸고 싶은가? 그 일을 바꾸면 지금의 내 삶은 어떻게 달라질까?

새로운 과거는 새로운 나를 만든다

몇 해 전부터 시대를 관통하는 트렌드 용어로 '뉴트로'라는 말이 등장했다. 이 말은 새로움(New)과 복고(Retro)를 합친 신조어로, 복고(Retro)를 새롭게(New) 즐기는 경향을 말하는데, 예전 노래가 리믹스되어 다시 유행하는 것이 대표적이다. 패션에서도 유행은 돌고 돈다. 청바지에 청재킷 조합의 청청 패션은 1970년대를 풍미한 멋쟁이 패션의 상징이었지만 세월의 흐름과 함께 촌스러움의 대명사로 전락했다. 그랬던 것이 최근 다시 유행하여 셀럽만 소화할 수 있는 패션으로 인정을 받고 있다. 5G 시대에 이미 종료된 서비스인 2G폰이 비싸게 팔린다는 기사가 나온 적도 있다. 과거의 골동품을 인테리어 소품으로 활용한 카페에 가본 적이 있을 것이다. 예전에는 쓰였지만 지금은 쓰이지 않는 물건들은 흥미를 불러일으킨다. 그것을 사용해본 경험이 있는 사람들은 추억에 빠져서 관련된 이야기를 쏟아내기에 바쁘다. 드라마 세트장 같은 곳에 가서 복고 스타일로 옷을 입고 포즈를 취하며 사진을 찍는 것 등이 모두 뉴트로 현상이라고 보면 된다.

요즘에는 그릇이나 유리컵 등에도 레트로가 등장했다. 예전에 콜라와 사이다 등의 음료 회사에서 무료로 나눠주던 촌스러운 모양의 컵들이 비싸게 거래되기도 한다. 이렇듯 가치가 달라진 대표적인 물건이 '타자기'다. 인테리어 용품으로 아주 비싸게 팔리는 품목으로 유명하다. 혹시 타자기의 본래 기능을 아는가? 컴퓨터 키보드 이전에 글씨를 빠르게 타이핑할 수 있는 물건이었다. 지금은 타자기로 글을 쓰는 사람이 거의 없는데도 이전보다 더 비싼 값에 거래되고 있다.

자, 이제 뉴트로를 정의해보자. 첫째, 이전과 용도가 달라진다. 타자기는 글을 쓰는 도구에서 인테리어용으로 쓰임새가 변경되었다. 둘째, 가치가 달라진다. 예전에는 글을 쓰는 흔한 도구로서 딱 그만큼의 가격이었다면, 지금은 희소성으로 인해 관리가 잘된 타자기일수록 높은 가치가 매겨진다. 이전과 같은 물건이지만 해석이 달라진 것이다. 타자기라는 이미 지나간 과거의 물건이 현 시대에 새로운 가치로 인정받는 것이다. 이것은 물건이나 유행에만 적용되는 것이 아니다. 지금까지 시대적 트렌드를 반영하는 말로서 뉴트로를 설명했다면 이제 인문학적으로 해석해보겠다.

뉴트로라는 말을 철학의 차원으로 이동시켜 개개인의 삶에서 과거가 어떻게 새로워지는지 본격적으로 들여다보자. 영화 〈보헤미안 랩소디〉는 1970년대 초반부터 활동한 '퀸Queen'이라는 전설적인 밴드의 노래 제목이다. 퀸의 노래는 워낙 유명하지만 여러분이 태어나기 전에 활동했던 가수라서 알지 못하는 친구들이 더 많았다. 그런데 영화 〈보헤미안 랩소디〉가 개봉하면서 십대들이 퀸의 노래를 찾아 듣기 시작했고, 그 열기가 차트 역주행으로까지 이어졌다고 한다. 이 영화는 이른바 뉴트로 기법을 사용해서 주인공의 삶을 소개하고 있다. '그들이 세계적으로 유명한 가수, 밴드가 되기 전에 어떤 과거가 있었을까? 그들의 시작도 지금처럼 화려했을까?'라는 질문을 던지면서 전설적인 퀸의 존재를 재조명하고자 한 것이다.

그때가 있어 지금이 있는 것

영화는 프레디 머큐리가 퀸 밴드 멤버로서 수많은 팬이 열광하고 있는 세계적인 무대에 등장하는 모습을 첫 장면으로 선택했다. 이토록 사람들이 열광하는 가수가 되기 전, 그는 어떤 삶의 모습을 하고 있었을까? 그의 첫 노래, 첫 무대는 어땠을까? 영화는 그의 과거로 거슬러 올라간다.

"저 파키스타인 아니라고요."

1960년대 영국 사회는 남아시아계 이주민들을 '파키'라고 낮춰 부르는 게 아무렇지 않을 정도로 인종차별이 심했나. 프레디 머큐리는 인종차별적 언행이 수시로 일어나는 곳에서 자신의 꿈과는 상관없는 아르바이트를 하면서 종종 노래가사를 적고, 음률을 떠올리며, 저녁에는 휘적휘적 클럽에 노래를 들으러 가는 아주 평범한 청년이다. 그런 모습이 탐탁지 않은 아버지는 프레디 얼굴만 보면 한심해하고 충고를 하는데, 어째 프레디의 반응이 거칠고 반항적이다.

클럽에 노래를 들으러 간 어느 날, 프레디는 어느 작은 밴드의 공연을 보게 되고 자신이 보컬로 같이 해보겠다는 의향을 비친다. 프레디의 치아 구조를 들먹이며 안 될 것 같다고 말하는 그들 앞에서 즉흥적으로 노래를 부르는 프레디 머큐리. 그렇게 퀸의 만남이 이루어진다. 휘적휘적 놀러 가던 클럽에서 첫 공연을 하게 된 프레디. 그의 첫 공연은 밴드 멤버들과 사람들이 보기에 엉망진창이다. 마이크를 뽑으려는 이상한 행동은 기본이고, 기어이 뽑아서는 무대를 산만하게 돌아다니며 노래를 한다. 밴드 멤버들과 약속된 노래를 부르는데 도통 가사를 못 외운 건지 즉석에서 가사를 지어내어 부르기도 한다. 멤버들은 제발 가사 좀 외우라고 타박을 하고. 노래를 듣던 클럽 관객들은 그저 그런 반응이다. 이것이 프레디 머큐리가 과거에 한 첫 공연 풍경이다.

자, 이제 영화 시작 지점으로 돌아가 세계적인 인기를 끌던 퀸의 무대를 보자. 놀라운 것은, 프레디 머큐리가 공연하는 모습이 예전 클럽에서의 첫 공연과 크게 다르지 않다는 점이다. 달라진 것은 지금은 아주 유명하고 팬들이 어마어마하며 퀸의 연주와 프레디의 노래에 엄청나게 열광한다는 것. 마이크를 뽑아서 산만하게 무대를 돌아다니며 노래 부르는 모습, 정해진 가사대로 부르지 않고 즉석에서 가사를 지어내어 부르는 모습, 인도계 이주민의 특성이 두드러지는 이국적인 외모와 분위기. 이 모든 것에 팬들은 매력을 느끼고 열광한다. 지금의 퀸 공연과 동네 클럽에서의 퀸 공연을 비교해보면 크게 다르지 않음에도 해석은 전혀 달라져 있다. 클럽에서 노래할 때 그들은 그저 동네의 '별 볼 일 없는 음악 하는 애들'이었다. 외모가 독특하고 이질적이며, 게다가 가사도 제대로 못 외우고, 무대는 산만하고 제멋대로라고 해석됐다. 그러나 지금은 그 모든 것이 퀸의 매력이자 프레디 머큐리만의 절대적인 특성으로 이해된다. 과거에는 이상했던 것이, 현재의 모습을 본 후 과거를 다시 보게 되면 '이미 예전부터 자신들만의 스타일이 있는 밴드였구나'로 해석되는 것이다.

다시 퀸의 과거로 돌아가 보자. 밴드 멤버 중 한 명의 차를 팔아서 그 돈으로 첫 앨범을 제작하는데, 온갖 독특한 방법으로 노래를 만들어낸다. 그러던 중 '이상한 음악 하는 학생 밴드'에게 한 기획사에서 연락이 온다. 당대에 이미 스타였던 엘튼 존의 매니저인 존 리드는 첫 만남에서 그들에게 질문한다.

"퀸이 내가 만난 다른 록^{Rock} 스타들이랑 뭐가 다른지 설명해줄 수 있겠나?"

"제가 설명해드리죠. 우린 4명으로 구성된, 부적응자들을 위해 노래하는 부적응자들이에요. 어디에도 섞일 수 없는 괴짜들이죠."

그 당시에는 그 모든 모습이 무모하고 헛되게 보였을 것이며, 특이하고 이상한 밴드라고 해석됐을 것이다. 그러나 지금 퀸의 모습을 알고 그 과거를 재조명하면 달라진다. 과감하게 새로운 시도를 하고, 자기들만의 스타일을 고집하고, 차를 팔아서 앨범을 만들 정도로 모험심과 용기가 있었다는 점에 누구라도 박수를 보낼 것이다. 초창기에 '실험'으로 치부된 새로운 음악적 시도는 오늘날 음악의 '역사'로 각인되었다. 그들의 무모함은 새로운 장르와 음악의 길이 되었고 후배 뮤지션들에게 용기를 주었다.

영화 제목과 동명의 노래 '보헤미안 랩소디'는 그렇게 탄생했다. 라디오에서 먼저 소개되어야 TV 방송을 할 수 있는 시대에 라디오 표준은 '노래 3분'이었다. 3분이 넘으면 라디오에서 틀어주지도 않는데 이 노래 보헤미안 랩소디는 무려 5분 55초다. 당시 제작자를 포함해 주변 사람들이 말한 '완전히 미친 짓'이 라디오 노래 표준을 해체하는 노래로 등극한다. 이렇듯 과거와 현재 그리고 미래는 동일하게 해석되는 듯 보이지만 전혀 다른 해석으로 탈바꿈하기도 한다. 이 말인즉, 지금 나에게 일어나는 일이 미래에는 어떻게 해석될지 알 수 없다는 것이다. 지금의 좌절이 미래에는 '천만다행'이 될지 누가 알겠는가? 류시화 시인은 책 중에 이런 제목이 있다.《좋은지 나쁜지 누가 아는가》.

과거에서 계속 배워나가기

이 영화의 구성처럼 우리의 삶은 수많은 과거를 거치면서 미래로 나아간다. 그러나 우리는 '지금'만 살 수 있으므로 앞 문장을 수정하면, 수많은 '지금'을 거치면서 '지금'으로 나아간다고 말할 수 있다. '지나간 지금'과 '지금의 지금'과 '앞으로 다가올 지금'이 우리의 삶이다. 곧 과거의 영역에 속하게 될 '지금의 지금'은 조금은 서툴고, 좌절도 되고, 엉뚱하고, 잘못된 시도를 하는 것 같지만 '미래의 지금'에서 다시 돌아보면 지금이 있었기에 미래의 그 날이 있는 것이다. 그대가 그대의 과거(과거의 지금)를 새로운 해석으로 '창조'해낼 수 있다면, 그것은 바로 지금의 나를 창조하는 것이다. 과거가 새로워지면 연속선상에 놓인 지금도 새로워진다. 지금이 새로워진다는 건, 지금을 살고 있는 나도 새로워진다는 걸 의미한다. 그러니 새로운 과거는 새로운 나를 만든다고 말할 수 있다.

이런 경험이 있을 것이다. 친했던 친구와 다투거나, 나의 실수로 친구에게 상처를 주거나, 친구에게서 상처를 받은 경험. 이런 경험들은 아프고 불편하고 속상하고 힘들다. 그러나 미래의 시점에서 돌아보면, 이런 경험 덕분에 '우정은 지켜가는 것'이라는 깨달음을 얻고, 친구와의 현명한 소통 방법(진심 어린 사과를 하는 방법과 내 감정을 진솔하게 털어놓는 방법)을 알게 되었음을 인정할 것이다. 괴롭고 커다란 좌절을 안겨준 경험이라 다시는 생각하고 싶지 않은 일들 덕분에 지금의 내가 있다고 생각하는 것, 더 나아가 내가 무슨 일을 겪었는지 무용담처럼 얘기하는 단계에 이르는 것, 이것이 바로 한 사람이 누릴 수 있는 뉴트로라고 할 수 있다.

시험을 잘 못 보거나, 중요한 오디션에서 떨어지거나, 계획했던 일이 모두 어그러지거나, 가족과 친구에게 실수하거나, 방황과 일탈로 스스로를 괴롭히는 일들이 당시에는 그저 벗어날 수 없는 불행이고 영원할 것처럼 답답하게만 느껴진다. 하지만 시간이 지나면 그런 경험이 자신을 더 단단하고 강인하게 만들어주었음을 알게 된다. 오히려 그 덕분에 새로운 기회를 만나거나 내게 딱 맞는 특별한 일과 특별한 사람을 만나게 되기도 한다.

과거를 재해석하는 것은 나 자신의 정체성을 새롭게 인식하는 것과 연결된다. '나의 과거는 불행했어.'라는 해석에서 멈추는 것이 아니라 '나는 좋은 경험을 가진 사람이야.'라는 해석으로 이동하는 차원을 말한다. 혹여라도 그대가 실패한 과거를 가지고 있다고 생각한다면, 이는 다르게 해석할 좋은 기회를 얻는 것이다. 그것 때문에 내가 이렇게 됐다는 자조와 원망이 아니라 그 덕분에 내가 알아차리고 깨달은 인생철학과 신념에 초점을 두면, 새로운 해석을 할 수 있고 그럼으로써 새로운 나를 창조하게 된다.

자, 이쯤에서 과거에 대한 오해와 비밀을 밝힐 때가 됐다. 어렵지만 아주 중요한 철학이니 귀 기울여주길 바란다. 바로 나에게 일어난 과거의 수많은 일이 미래의 어떤 결과를 반드시 만들어내는 것은 아니라는 것이다. 철학에서는 이것을 인과율이라고 하는데, 원인과 결과의 관계를 말한다. 어떤 결과가 있으면 그 결과는 원인이 있고, 어떤 일이 원인이 되어 어떠한 결과를 도출한다는 것이 인과율의 법칙이다. 세상의 모든 연결은 원인과 결과로 이루어져 있다고 하지만, 더 자세히 들여다보면 이에 대한 근거를 찾기가 어렵다고 많은 철학자가 말해왔다.

"정말 그 결과의 원인이 그 일이야?"

"이것이 원인이 되어 그 결과가 만들어진 게 확실해?"

이러한 질문을 오래전부터 해온 것이다. 어떤가, 흥미롭지 않은가? 예를 들어, 우리가 가장 많이 듣는 원인과 결과 중에 "공부를 잘해야 성공한다."는 것이 있다. 성공(사회의 일반적인 기준에서의 성공)한 사람들이 정말로 모두 반드시 공부를 잘해서 성공했는가? 성공이라는 결과의 원인이 공부에 있다고 말하던가? 성공할 가능성이 크다고 할 수 있지만 모두에게 해당하는 원인은 아니라는 것이다. 혹은 이런 생각을 해본 적 없는가? 공부를 잘한 것 때문에 성공한 것이 아니라, 우리나라 문화 안에서 공부를 잘하면 주변에서 칭찬을 많이 받으니 자부심이 높아지고, 반장이 되는 등 여러 기회를 얻을 수 있었기 때문이라는 생각 말이다. 만일 그렇다면 공부가 원인이 아니라 공부로 인해 얻어지는 것들이 원인일 수 있다. 그런데 이 역시도 근거가 뚜렷하지 않다.

성공한 사람들에게는 그 요인이 하나가 아니라 여러 가지 있다는 걸 우리는 알고 있다. 그럼에도 나 자신에게 적용할 때는 마치 이 길로 가야만, 이것을 해야만, 지금 이걸 해내야만 그것에 다다른다고 생각한다. 이런 생각은 스스로에게 기회를 한정 지을 뿐 아니라 자신을 다양하게 발휘하도록 허용하지 않는다. 이 말인즉, 그대에게 일어난 어떤 작은 실패가 원인으로 작용해 미래의 성공과 실패라는 결과로 반드시 이어지는 것이 아니니, 부디 지금 잘못되었다고 미래가, 자신의 인생이 잘못될 것이라 단정하지 말라는 것이다. 우리는 어쩌면 과거의 어떤 일에 얽매여 지금을 온전히 살아내지 못하고, 지금을 온전히 살아내지 못함으로써 미래의 결과를 협소하고 더디게 만들고 있는지도 모르니까.

오랜 세월 청소년들을 곁에서 지켜보면서 늘 안타까웠던 것은 지금 자신에게 일어난 작은 실수와 작은 실패를 너무 크게 생각하고 스스로를 다그친다는 것이다. 자신에게 일어난 작은 일로 자신의 미래를 예견하고는 더는 노력하려고 하지 않거나 의욕을 잃는 경우도 본다. 성적이 잘 나오지 않거나, 친구들과 사이가 안 좋거나, 뜻대로 되지 않을 때 인생 전체가 잘못된 것처럼 여기고 자기 자신에게서 기회를 뺏어버린다. 극복하고 이겨내라는 말이 아니다. 지금 일어난 일이 인생 전체의 원인이 되지 않으며, 원인이 된다 해도 그것이 긍정적일지 부정적일지는 가봐야 안다는 것이다. 게다가 인간에게는 '자유의지'라는 게 있어서 자신에게 일어난 일을 그저 그대로 놔두지 않고 관찰하고 해석하고 깨닫고 교훈을 발견할 수 있는 생각 능력이 있다.

프레디 머큐리와 퀸 멤버들은 영화 마지막에 나오는 엄청난 규모의 공연 무대에서 이렇게 생각했을지도 모른다. 다시 과거로 돌아가도 우리는 똑같이 시도하고 똑같이 실수했을 거라고. 그래야 지금의 우리가 있는 거니까. 어렵고 막연했던 자신들의 과거가 더없이 감사하고 소중하다는 벅찬 고백을 서로 눈빛으로 나눴을지 모른다. 아니, 우리는 과거의 무대도, 지금의 무대도 그냥 즐겼을 뿐이라고 말했을지도 모르겠다.

뉴트로는 단순히 과거를 다시 소환하는 것에 그치는 것이 아니다. 자신의 역사를 조명하고 재해석하고 가치를 부여함으로써, 그러한 역사가 있는 나에게 자존감과 자부심을 부여하는 것이다. 그대들에게 앞으로 살아가면서 꼭 필요한 성찰일 것이다.

이따금 멈추고 자신의 역사를 더 가치 있게 돌아보기를 권한다. 과거를 해석하는 힘이 자신을 더 빛나는 지금으로 안내할 테니까.

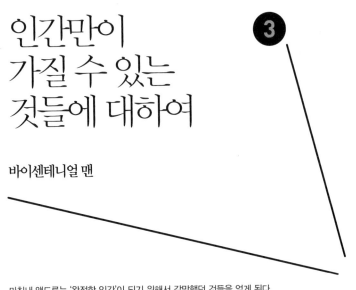

인간만이
가질 수 있는
것들에 대하여

바이센테니얼 맨

③

마침내 앤드류는 '완전한 인간'이 되기 위해서 갈망했던 것들을 얻게 된다.
바로 고통, 실수, 질투, 늙는 것, 죽음 같은 것들이다. 인간은 이러한 것들로부터 도망치기 위해서
애쓰고 이런 것들 때문에 불완전하다고 생각하는데, 로봇 앤드류는 완전한 인간이 되기 위해
실수와 아픔, 마음의 상처, 못난 질투 같은 것을 그토록 갖고 싶어 하다니.

4차 산업혁명. 여러분도 이 말을 익히 들어봤을 것이다. 최근 들어 사회적으로 그리고 정책과 교육 분야에서 유행처럼 오르내리는 말이다. 이 용어의 뜻을 구체적으로 몰라도 좋으니 한 가지 질문에 대답해주면 좋겠다. 이 용어가 현재 어른들보다 청소년들에게 해당된다고 강조되고 있기에 특히 여러분의 생각이 궁금하다. '4차 산업혁명'이라는 말을 들으면 어떤 감정이 드는가? 말에는 사회적 인식이 포함된 개인의 감정을 불러일으키는 힘이 있다. 자, 어떤 감정인

가? 기대감? 불안? 궁금함? 아니면 아무 감정도 없는? 우리가 맞이할 4차 산업혁명이라는 용어는 지금 이 사회에서, 특히 청소년들에게 불안을 조성하는 쪽에 가깝다.

4차 산업혁명과 인간

4차 산업혁명이라는 용어를 통해서 우리가 주로 얻는 정보는 이렇다.

첫째, 현재 있는 직업 중 상당수가 4차 산업혁명 시대에 없어질 것이다.

둘째, 인간이 하는 수많은 노동이 기계로 대체될 것이다.

셋째, 실업자가 늘어날 것이며 인간은 인공지능$^{AI, Artificial Intelligence}$의 관리를 받게 될 것이다.

이런 불안한 미래가 예견되는 가운데 그에 대한 대비책으로 인공지능을 활용하거나 이기기 위한 직업을 발굴하는 동시에 코딩과 빅 데이터 활용 능력 등이 기존 교육에 추가되었다. 그러면서 지금의 청소년들은 미래에 사람과의 경쟁을 넘어 기계와도 경쟁해야 하며, 고도의 발달된 미래사회에서 낙오되지 않기 위해 더 노력해야만 한다고 말한다. 이익을 추구하는 기업은 이 용어를 활용하여 인간의 노동력을 기계로 대체하는 데 죄책감을 느끼지 않아도 되고, 실업자들은 모든 것이 자신이 더 노력하지 않은 탓이라는 생각을 해야 한다. 다가올 미래가 희망적이지 않고 기대되지 않는다면 왜 사람들은 그 미래를 오지 말라고 막지 않는 걸까? 인간을 행복에서 멀어지게 하고 소외시키고 축출시키는 미래를 왜 그냥 수용하는가?

미래에 펼쳐질 놀라운 기계와 인공지능, 빅 데이터의 세계에서 그것들과 경쟁하며 이기기 위해 달려야 할까? 질 것이 뻔한데…. 어떤 인공지능이 만들어질지는 궁금해하면서 우리가 어떤 인간이 되어야 하는지에 대해서는 왜 질문하지 않는가?

'4차 산업혁명에 어떻게 대비해야 하는지'에 대해 청소년들에게 들려달라는 강연 요청을 받을 때가 있다. 처음에는 그 주제에 대해 전문가가 아니어서 힘들겠다고 거절을 했다. 그러다가 어느 순간부터 수락하게 되었는데 그 이유는, 청소년들에게 4차 산업혁명에 대해 겁먹거나 오해하지 말라는 이야기를 전하고 싶어서다. 물론 강연 내용은 우리가 4차 산업혁명에 어떻게 대비해야 하는가에 관해서가 아니라, 어떻게 그에 휘둘리지 않고 우리의 인간다움 그 자체를 지켜나갈 것인지에 대한 이야기로 이루어진다. 4차 산업혁명을 주연으로 설정하고 인간이 마치 그 변두리 존재로서 어떻게 살아남느냐 하는 차원이 아니라, 4차 산업혁명을 비롯한 시대적 변화를 앞두고 얼마나 인간이 중심이 되어서 스스로를 강건하게 지켜갈 것인지가 중요하다. 4차 이전에 3차가 있었고(현재를 3차 산업혁명기라고 한다), 3차 이전에 2차가, 2차 이전에 1차가 있었을 것이다. 이들 모두 해당

산업혁명이 일어난 후 어느 정도 시간이 지난 뒤에 그때가 1차였고, 2차였고, 이제 3차로 넘어가고 있다는 식으로 이름이 붙었다. 그런데 4차 산업혁명은 유독 아직 다가오지도, 정체가 확실하지도 않은 상태에서 곳곳에서 언급부터 되고 있다. 이러한 사실에 우리는 의문을 품어야 한다. 4차 산업혁명을 주도하는 것은 인간일 텐데, 마치 인간이 쓸모없는 존재로 전락할지도 모르니 더 열심히 노력하고 더 열심히 달려서 그 대열에서 탈락하지 않기 위해 고군분투해야 하는 것처럼 그려지기 때문이다.

4차 산업혁명에 대비하는 것과는 별개로 인공지능과 차별화된, 인간만이 지닌 것이 무엇인지에 대해 깊은 고민과 논의가 필요하다. 그래야 만약 그런 시대가 와서 기술 발달로 인해 인간이 필요 없어진다 해도 인간은 인간의 자리에 그대로 있을 수 있기 때문이다. 4차 산업혁명 시대가 도래하더라도 무엇보다 그대가 인간이라는 것만 기억한다면 로봇이나 인공지능을 경쟁상대로 삼을 필요가 없다. 그러한 것들은 인간 생활을 돕는 편리한 도구로서 존재하는 것일 뿐 인간을 잠식하기 위해 생겨나는 것들이 아니다. 그래서 이 영화를 꼭 소개하고 싶었다. 인간이 얼마나 완전한 존재인지를 안드로이드 로봇을 통해 들려주는 영화, 〈바이센테니얼 맨〉이다.

미래는 언제나 다가오고 있었고, 발전은 언제나 일어나고 있었다. 인간의 일을 대체하는 기능이 등장한다면 '어떻게 살아남을까, 어떻게 그것들은 이길까?'를 물을 것이 아니라 질문의 방향을 바꿔야 한다. 그동안에도 계속 했어야 했지만 미뤄두고 생략해온 질문을 지금 해야 한다.

"과연 인간이란 무엇인가?"

"절대 대체되지 않는, 인간만이 가진 것이 무엇인가?"

무려 20년 전에 개봉한 영화 〈바이센테니얼 맨〉이야말로 4차 산업혁명에 대해 가장 중요한 말을 건네고 있다고 자신한다. '아, 인공지능과 로봇 기술의 진화 이야기가 담겨서이겠구나.'라고 생각한다면 큰 오해다. 이 영화가 4차 산업혁명과 연결된다고 보는 이유는 로봇 이야기라서가 아니라 인간에 대해서 잘 설명하고 있기 때문이다. 과연 인간 본연의 모습은 무엇인가라는 주제는 수많은 영화에서 다루고 있으며, 핵심 주제가 아니더라도 영화의 서사는 이 질문을 토대로 이루어진다고 말할 수 있다. 특히 이 영화는 가장 인간적인, 아니 완전한 인간이 되고 싶은 로봇을 등장시켜 무엇을 장착하고 어떻게 진화해야 완전한 인간이 될 수 있는지 보여주고 있다. 어쩌면 많은 인간이 인간답게 살고 있는가를 질문하고 싶었던 걸까?

"인간 같은 면이 많습니다. 창의성, 호기심, 우정 같은…."

인간 같은 창의성, 호기심, 우정 등을 잊고 마치 정형화된 로봇처럼 살고 있는 인간에 대한 안타까움과 연민에서 시작되었을지도 모르겠다. 인간이 되기 위해, 아니 인간으로 인정받기 위해 맨 마지막으로 죽음까지 장착한 앤드류의 일생을 같이 지켜보기로 하자. 인간인 우리에 대해 더 알고 싶다면 말이다.

인간이 되고 싶은 로봇이 갖춰야 할 것

'미래 어느 날'이라는 시기를 배경으로 영화는 시작된다. 한 가정집에 가사도우미 로봇이 배달되는데 그 기술이 바로 안드로이드로 소개된다.(안드로이드android는 스마트폰 운영체제, 미들웨어, 응용프로그램을 한데 묶은 소프트웨어 플랫폼을 말하는 것으로, 우리가 사용하고 있는 스마트폰이 안드로이드 기술로 이루어졌다.) 아직 어린 막내딸은 '안드로이드'라는 단어가 익숙하지 않아서 '앤드류'라고 말하게 되고, 그렇게 가사도우미 로봇은 '앤드류'라는 이름을 얻게 된다. 인간에게 저마다 이름이 있듯이, 인간을 흉내 내는 첫 번째 시작이라고 할 수 있다. 우리가 반려견이나 좋아하는 물건, 인형 등에 이름을 붙이는 것은 그것을 인간처럼 소중하게 생각하고 애정을 갖기 때문이다. 이름을 붙이는 순간, 일대 일의 관계가 형성된다. 가사도우미 로봇은 전자제품에서 한 단계 나아간 앤드류라는 이름으로 한 가족에 합류한다.

이유가 뭔지는 모르지만 첫째 딸은 이 로봇을 상당히 탐탁지 않아 하고 멍청이라고 부른다. 그래서 어느 날 로봇의 절대적 특성, 바로 '복종'을 이용하여 2층 창문 밖으로 떨어지게 한다. 아마 그때부터였을 것이다. 이 로봇 앤드류에게 오류가 생긴 것이. 왜냐하면 떨어질 때 머리를 부딪쳤기 때문이다.

이 부분에서 주목할 것이 있다. 흔히 어떤 사람이 마음이 고장나서 소통을 잘 못 하거나 자기 생각을 주도적으로 말하지 못하고 외부에서 입력된(외운) 그대로 표현하면 '마치 로봇 같다, 기계 같다.'고 한다. 사람에게 기계 같다고 하는 것은 인간성을 잃었다는 차원에서 큰 비난이다. 공감 능력도 없고 이해와 수용력이 떨어져 마치 기계에 대고 얘기하는 것 같은 느낌이 든다는 뜻이니까. 인간은 마음이 고장 나거나, 외운 그대로만 말하거나, 사회가 정해놓은 것을 그대로 따를 때 인간성을 잃어버리게 된다. 인간의 오류가 로봇이고, 로봇의 오류가 인간이라는 건 참으로 흥미로운 상상력 아닌가.

아무튼, 앤드류는 그때부터 자꾸 '인간처럼' 행동한다. 이를 이상하게 여긴 주인이 로봇 회사에 가서 진단을 받아보니 오류가 생긴 것이며 원하면 환불이나 교환을 해주겠다고 한다. 주인은 오류가 생긴 앤드류를 문제라고 생각하지 않고 특별하다고 생각하고는 인간으로 점점 더 진화할 수 있게 돕는 역할을 자처한다. 여타 로봇과 다른 앤드류를 오류나 비정상으로 보지 않고 특별하다고 생각하는 주인의 관점이 앤드류를 특별하게 만든 것이다. 특별하다고 보는 눈이야말로 특별함을 만드는 동력이라고 할 수 있다.

"개성에 값을 매길 순 없다."

한 사람이 가진 특성은 그 사람을 특별하고 다르게 만들어주는 개성이다. 이 개성은 비교하거나 순위를 매기거나 우열과 열등의 선상에 놓을 수 없다. 그러나 우리들은 가끔 나의 개성이, 내가 다른 사람과 다른 부분이 혹여 잘못된 것이거나 뒤처진 것은 아닌지, 내가 이상하고 비정상인 것은 아닌지 고민한다. 그리고 다른 사람과 비슷해지려고, 다수에서 벗어나지 않는 생각과 행동을 하려고 자신의 개성을 무시하거나 발산하지 않는 경우도 있다. 마치 그것이 불완전한 것인 양.

"기술의 핵심은 불완전성에 있어요. 주름이나 희미한 흉터 같은 거죠. 내 코를 보세요. 주먹코에 비뚤어졌죠? 이것이 나를 특별하게 해줍니다. 불완전성이야말로 우리를 특별하게 해주죠."

신기술로 인간의 피부와 가까운 물질을 개발한 과학자가 앤드류에게 한 말이다. 우리는 좀 더 나의 특성과 개성에 몰두할 필요가 있다. 그 누구도 아닌 나만이 가진 개성과 불완전성이야말로 나를 이루는 완전함이라는 걸 기억하자.

앤드류는 자신이 인간처럼 행동하는 걸 몹시 흡족해하고 자부심을 느낀다. 주인이 권하는 책을 읽고, 계속해서 질문하고, 유머를 배우며 점점 더 인간을 닮아간다. 이 영화의 제목은 인공지능 로봇에서 인간이 되어가는 긴 과정을 표현한 것이다. 바이센테니얼은 '200년 간 계속되는', '200년마다의'라는 뜻이다. 인간의 수명은 보통 100년으로 표현되고 로봇의 수명은 영원으로 표현된다. 그런데 200년이라는 뜻은 인간도 아니고 로봇도 아닌 그 중간 어디쯤을 표현한 제목이라고 할 수 있다.

자, 이 시간을 기다렸다. 우리가 본격적으로 살펴봐야 할 것들이 있다. 앤드류는 머리의 오류로 인해(정확하게는 머리 부품 이상으로 인해) 조금씩 인간처럼 행동하게 되고 이는 점점 더 진화되어 거의 온전한 인간의 모습을 갖춰간다. 어떤 모습들인지 목록을 함께 살펴보기로 하자.(아주 중요하니 단어 하나하나 같이 짚어주길 바란다.)

인공지능 로봇 앤드류에게 가장 먼저 나타난 인간 같은 모습은 디자인으로, 창작과 창조라고 할 수 있다. 로봇은 입력된 것을 만들어낼 수는 있지만 스스로 모양을 생각해서 창조할 수는 없다. 그런데 앤드류는 새로운 모양을 생각하고(아이디어를 내고) 그것을 창작해서 결과물로 내놓는다. 그러면서 "조각이 즐겁다"라고 표현한다. 창작을 즐기고 조각하는 것이 즐겁다고 하는 것은 인간만이 지닌 고유한 특성인데 이것을 로봇인 앤드류가 갖게 된 것이다.

'인공지능이 새로운 그림을 그릴 수 있을까?'

알파고가 이세돌을 이기는 사건을 경험하면서 사람들은 인공지능의 능력에 큰 관심을 두게 됐다. 도대체 인공지능이 어디까지 할 수 있는 거지? 그래서 그림을 그리게 했더니 그림, 당연히 잘 그린다. 고흐의 그림도, 클림트의 그림도 똑같이 그려낼 수 있다. 문제는, 기존에 없는 전혀 새로운 그림을 그리지는 못한다는 거다. 입력된 수많은 정보를 조합하고 융합해서 전혀 다른 형태의 그림을 내놓기는 하지만 그것은 이미 있던 것들을 섞은 모방의 집합체일 뿐 창조가 아니다. 그렇다면 우리는 인간이 지닌 고유한 특성을 잘 활용하고 있을까? 창의적이고 창조적인 창작을 하고 있는가 말이다. 배운 것을 바탕으로 입력된 것을 조합만 잘 해서 내놓는다면 인공지능에 더 가까울 거라고 영화는 말한다.

디자인을 시작으로 앤드류는 머리의 오류(?)가 더 심해지는지 인간의 모습을 빠르게 흡수하고 장착해간다. 호기심, 우정, 유머, 음악, 춤, 옷 입는 것, 다양한 표정 짓기까지. 주인은 앤드류의 기능을 업그레이드해주는데, 뭐냐 하면 바로 표정이다. 로봇은 지을 수 있는 표정이 한 가지로 설계되어 있어서 대화나 감정 표현에 한계가 있다. 대화는 말로만 하는 것이 아니다. 눈빛과 표정 등 비언어적 요소로 더 많은 차원의 대화가 이루어진다. 인간은 감정에 따라 아주 다양한 표정을 지을 수 있다. 그래서 표정이 다양하지 않은 사람을 보고 마치 '로봇 같다'고 하기도 한다. 잠깐, 이 시점에서 자신은 어떤 표정들을 짓는지 한번 떠올려보자. 혹시 무덤덤하고 무표정으로 일관한다면 앤드류처럼 업그레이드가 필요하다. 이 업그레이드는 당장할 수 있다. 더 웃고, 더 울고, 더 미소 짓고, 더 놀라고, 더 미간을 찡그리며 그대의 온 얼굴을 사용해서 세상과 대화하면 된다.

앤드류가 점점 더 인간이 되어가는 과정에서 장착하는 인간의 특성 중 특히 와닿는 요소는 무엇이었는가? 만약 도드라지게 인상 깊은 것이 있다면 나에게 한번 질문해보자. 나는 호기심이 가득한가? 우정을 소중하게 생각하는가? 음악이 나오면 가만히 서 있지 않고 고개와 발을 까닥까닥하는가?

앤드류는 유머를 알고 싶어 하는데 이 부분이 아주 흥미롭다. 앤드류는 가족들이 식탁에서 서로 이야기를 주고받으면서 웃음이 끊이지 않는 모습을 지켜보다가 주인에게 묻는다.

"유머가 뭐예요?"

"남을 웃기려고 하는 농담이야."

"가르쳐주세요."

"유머는 시간과 장소가 중요해."

"지금은 10시 15분입니다."

유머는 공감과 소통의 영역이라 앤드류가 몹시 어렵고 힘들게 진화해가는 '인간 목록' 중 하나다. 여러분은 다른 사람을 웃게 하는 데 얼마나 노력을 기울이는가? 앤드류는 웃음에 대한 엄청난 비밀까지 깨닫는다.

"우정을 다지는 데는 웃음이 최고예요."

남들을 기분 좋게 웃게 하는 유머력을 지니고 있는가? 아니면 남들의 유머에 큰 웃음과 다양한 표정으로 반응하는가? 만약 그러하다면 그대는 완벽한 인간이라고 할 수 있다.

앤드류는 점차 인간이 되어간다. 더 인간다워지기 위해서 옷을 입고, 춤과 음악을 배우며, 누군가를 위로하기도 한다. 그런데 아직 인간이라기엔 한참 먼 것 같다. 세월이 흘러 막내딸이 어느새 어른이 되었을 때 앤드류는 마침내 인간만이 추구하는 한 가지 주제에 돌입하게 된다.

뭐냐 하면, 바로 자유다. 주인의 권유로 많은 책을 읽은 앤드류는 인간이 되기 위해, 인간으로 살기 위해 갖춰야 할 가장 중요한 덕목에 다다른 것이다. 로봇은 명령어에 의해 움직인다. 명령과 복종. 이

것이 로봇의 정체성이다. 이제 그 정체성을 벗고 인간으로 변화하는 중요한 시기가 온 것이다. '그대들은 자유를 끝없이 갈망하고 있는가?'라고 로봇 앤드류가 묻고 있는 듯하다.

인간의 불완전함이 주는 완전함

"인간의 역사를 통틀어 무수한 사람들이 죽음을 불사하고 얻고자 했던 것, 무수한 사람들이 목숨을 걸 만큼 너무나도 소중한 것, 그것이 자유지요."

오류가 생긴 이후, 로봇의 모습에서 인간의 모습으로 점점 더 변해가던 앤드류는 자신이 아무리 인간의 모습을 닮아가도 '자유'가 없으면 절대로 온전한 인간이 될 수 없다는 걸 깨닫게 된다. 역사 속에서 사람들은 끊임없이 자유를 꿈꿨고, 자유를 얻기 위해 투쟁하고 목숨을 바쳤으며, 모든 것을 바쳐서라도 간절히 자유를 원했음을 발견한다. 자유는 누군가에게 혹은 그 무언가에 속박당하지 않고 자신의 주체적 의지로 삶을 살아내는 것이다. 앤드류는 자신이 가장 원하는 것이 자유라는 것을 깨닫는다.

앤드류는 자유를 사겠다며 그동안 자신이 창작한 작품을 팔아 번 재산을 전부 주인에게 내민다. 자유는 이만큼의 가치가 있다면서.

"자유를 얻으면 자유에 따르는 책임과 의무도 알아야 해."

주인은 서운한 마음을 내비치며 앤드류를 떠나보낸다. 그리고 자유가 있다는 건, 자유만이 아닌 책임과 의무 그리고 고독도 있다는 것임을 얘기해준다. 앤드류는 마침내 주인의 집을 떠나 자유롭고 고독한 삶을 시작하고 인간으로 더 가까이 다가간다.

'역사는 반복된다'는 말을 들어본 적이 있는가? 같은 환경이 제공되면 같은 결과로 이어진다는 역사의 순환성을 의미하는 말이다. 이 말은 어차피 역사는 똑같이 반복된다는 의미보다는 역사 속에서 반성과 교훈을 발견하지 못하면 똑같은 실수를 되풀이한다는 의미가 더 짙다. 그러면서 동시에 인간이 가지고 있는 본성과 욕망, 무지가 역사를 되풀이한다는 경고의 메시지도 들어 있다. 역사를 돌아보면 긍정적인 방향으로 변화된 역사의 낙천성도 있지만, 인간이 서로를 학살하고 타인의 자유를 빼앗고 욕망 때문에 참혹한 전쟁을 일으키거나 잘못된 선택과 욕심으로 나라가 멸망하는 것도 볼 수 있다. 그러나 희망을 접기엔 아직 이르다. 이런 참혹한 역사를 반복하지 않을 수 있는 단 하나가 있다. 바로 인간의 자유의지다. 암울한 현실이 그대로 지속된다면 결국 파국으로 치달을 것처럼 보이지만 한 인간의 자유의지, 즉 정의로운 선택과 인류를 위한 애정, 반성과 깨달음을 통한 바른 길로 내딛는 발걸음이 새로운 역사를 만들어낸다.

앤드류가 인간이 되는 데 큰 계기가 되는 자유를 선택하는 장면은, 앤드류 개인의 일생에서 참다운 인간이 될 기회를 선택한 것이

자, (영화 내에서) 기술의 역사 속에서 로봇이 인간이 되는 인류의 역사를 만드는 계기가 된다. 우리는 앤드류보다 훨씬 더 좋은 조건의 자유의지를 가지고 있다. 이미 인간이라는 것! 그렇다면 우리는 우리의 자유의지를 스스로 포기하는가, 체념하는가, 획득하는가, 발견하는가? 자유와 동행하는 수많은 인문학적 질문들이 다가온다.

앤드류는 과학기술의 발전으로 딱딱한 로봇 피부에서 인간의 피부로 업그레이드되고, 피와 내장기관을 얻게 되고, 감각까지 업그레이드된다. 겉으로 보기에 완전한 인간의 모습이다. 그런데도 앤드류는 자신이 인간과 아직 다른 그 무언가가 있다고 생각하고 더 완전한 인간이 되기 위해 노력한다. 마침내 앤드류는 '완전한 인간'이 되기 위해서 갈망했던 것들을 얻게 된다. 바로 고통, 실수, 질투, 늙는 것, 죽음 같은 것들이다. 인간은 이러한 것들로부터 도망치기 위해서 애쓰고 이런 것들 때문에 불완전하다고 생각하는데, 로봇 앤드류는 완전한 인간이 되기 위해 실수와 아픔, 마음의 상처, 못난 질투 같은 것을 그토록 갖고 싶어 하다니.

영화에서 앤드류가 질투를 느끼고 스스로 감탄하는 장면도 사유의 기회를 준다. 우리는 자신이 누군가를 시기하고 질투하는 것 때문에 스스로 자괴감에 빠지기도 하고 심적인 고통을 겪기도 한다. 그런데 앤드류는 자신이 사랑하는 여인 곁에 있는 남자를 두고 주걱턱이라는 둥, 뭐 저런 인간을 만나냐는 둥 몰래 숨어서 질투를 한다. 그러다 자신이 질투를 한다는 것을 깨닫고는 인간에 더 가까워졌다는 사실에 놀라워하고 질투하는 자신을 마음에 들어 한다. 참 아이러니하지 않은가? 우리 인간은 마음에 들어 하지 않는 모습을 그토록 갖고 싶어 하다니 말이다. 실수하기 위해 노력하고, 늙기 위해 몸을 끊임없이 업그레이드시키며, 울 수 없어서 슬픔을 표현할 길이 없는 것에 한탄하고, 눈을 찌르며 아픔을 느끼는 것에 환호하며, 죽기 위해 최선을 다하는 모습은 무엇을 말해주는 걸까?

"내가 누구인가에 대해 찬사나 평가가 아니라 있는 그대로의 존재라는 단순한 진실을 인정받는 것이 제 목표입니다. 그것을 이루기 위해 제 명예를 걸고 죽음을 선택했습니다."

완전한 인간으로 완성해주는 죽음 앞에서 앤드류는 말한다. 그리고 훌륭한 기계가 아닌 바보 같고 모순덩어리인 인간으로서 죽음을 맞이한다.

우리는 실수하고 사과하고 남의 아픔에 안타까워하는 사람의 모습을 보면서 '인간적이다'라고 한다. 인간에게 인간적이라고 표현하는 것은 이미 인간이지만 더 인간적인 그 무언가가 있다는 것이다. 로봇이 고도로 발달하고 인공지능이 인간보다 똑똑해져도 갖출 수 없는 것이 바로 '인간적인' 것들이다. 그렇다면 우리가 이미 지니고 있는 이 '인간적인 인간미'가 얼마나 완전한 모습인지 알아차려야 하지 않을까? 영화 〈월-E〉에서 월-E는 미래형 폐기물 처리용 로봇이다. 인류가 떠난 지구에서 입력된 그대로 계속해서 폐기물을 정리한다. 그러던 어느 날, 탐사 로봇 '이브'에게 반하면서 잘 보이기 위해 노력하다가 숱한 실수와 어리숙함을 선보인다. 월-E가 사랑받았던 이유는 완벽한 로봇이어서가 아니라 서툴고 실수하는 인간적인 모습을 지니고 있었기 때문이다. 더 잘 외우고, 더 냉철하고, 더 이성적이 되어서 인간미를 잃는 것이 아니라, 서툴고, 실수하고, 아파하고, 공감하고, 누군가를 웃게 하고, 같이 울고, 자신의 실수와 질투를 통해 인생철학을 발견하는 것. 이러한 것들이 우리의 삶을 이루고 있다.

그대의 가장 인간적인 오늘을 만끽하길 바란다. 우리는 더 노력해서 가장 인간다워지기를 갈망해보기로 하자. 아, 그리고 우리 인간은 관절 유연 칩이 없어도 춤을 출 수 있다는 것도 기억하자.

인문학은 자기 관찰이다

우리는 누군가가 마음을 알아주고 수용해주기를 기대한다. 그러나 다른 사람이 내가 듣고 싶은 말과 공감과 위로를 딱 맞게 해주지 못하거나 기대만큼 마음을 잘 알아주지 못하는 경우도 많다. 내 마음을 그 누구도 알아주지 않는다고 느끼면, 나는 혼자라서 외롭다는 생각과 이제 다시는 누군가에게 기대하지 말아야지 하는 체념을 하게 된다.

외로움과 체념, 이 두 가지는 그리 권할 만한 감정 항목이 아니다. 둘 다 자신과의 소통을 포기하는 것에 가깝기 때문이다. 그리고 사실이 아닌 성급한 예측이기도 하다 '혼자라서 외롭다'라는 말은 원인과 결과가 합당한 성립이 아니며, 상처받기 싫어서 기대하지 않겠다는 체념은 방향이 잘못되었다. 둘 다 타인이 나의 감정을 해결해주기를 기대하는 마음에서 비롯된 마음이면서 동시에 상처받을 것이 두려워 희망마저 외면하는 거라고 할 수 있다. 외로움과 체념은 소통의 방향이 타인이 아니라, 자신을 향할 때 채워지고 달라질 수 있는 감정이다. 자신의 내면이 어떤 상태인지, 그래서 어떻게 하고 싶고 무엇이 두려운지, 두려움과 동행하고 용기를 얻기 위해 어떤 마음이 필요한지 등을 스스로에게 물으며 자신과 소통해야 한다. 자신과 적극적인 소통을 하고 싶다면, 글을 만나기를 권유한다. 책을 읽거나, 일기를 쓰거나, 영화를 보거나, 음악을 듣거나 하는 것들 말이다. 영화와 음악도 글로 이루어져 있으니 그것들을 통해 자신에게 말을 걸고 말을 들어보라.

중요한 것은, 자기 자신을 섬세하게 만나주는 것을 어느 순간에도 포기하지 않는 것이다. 무시하고 외면했던 감정을 다시 일으켜 세우고, 그게 맞는지 더 세심하게 띠져 묻고, 세상의 정당함과 부당함 그리고 나의 정당함과 부당함을 마주하고 예리한 눈으로 들여다보기 바란다. 그것이 인문학에서 말하는 성찰이자 사색이며 사유이다. 치밀한 자기 관찰을 멈추지 않을 때 외로움을 충만함으로, 체념을 희망으로 바꾸는 방법을 터득한다.

인생은 계속해서 질풍노도의 감정을 넘나들 것이며 청소년 시기가 이러한 사실을 인지하기 시작하는 아주 중요한 시기임을 깨닫는 게 중요하다. 자신의 삶에서 일어나는 수많은 질풍노도를 어떻게 마주하며 살 것인가를 성찰하기에 청소년 시기처럼 적당한 시기가 또 있을까?

그럼 같이 이렇게 정리하기로 하자. 청소년 시기는 질풍노도의 시기가 아니라, 질풍노도를 어떻게 마주해야 하는지 알아가는 시기라고 말이다. 치밀한 자기 관찰과 자기 소통을 통해, 감정 본연의 모습을 존중하고 그 감정이 건네는 말에 귀 기울이며, 그 감정을 세상과 어떻게 연결하고 소통하며 살 것인지를 연구하는 시기라고 말이다. 분명히 말하지만, 여러분은 자신을 성찰하고 사랑하기에 가장 찬란한 시기를 지나고 있다.

자, 그대 준비되었는가? 그대를 치밀하게 관찰하고 아껴줄 준비 말이다. 이 질문이 너무 결연해 보인다면, 그대와 나는 지금 같은 방향을 걷고 있다.

5장

우리는 어떤 사람이
되어가는가

우리 이렇게 하면 어떨까?

서로에게 증인이 되어주기로.

세상의 비합리와 타협하며 돈이 최고라고 생각하거나

높은 권력을 갖는 것만이 행복하다는 이상한 결론에 이르지 말고,

우리가 본래 가지고 있는 인간 본성이 건네는 질문인

'좋은 사람'으로 나아가고 있다고.

당신은
좋은
사람입니까?

증인

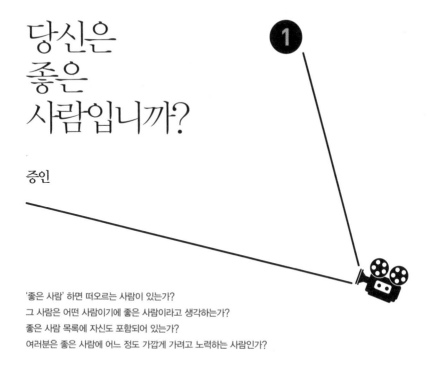

'좋은 사람' 하면 떠오르는 사람이 있는가?
그 사람은 어떤 사람이기에 좋은 사람이라고 생각하는가?
좋은 사람 목록에 자신도 포함되어 있는가?
여러분은 좋은 사람에 어느 정도 가깝게 가려고 노력하는 사람인가?

꿈이 뭐냐고 물을 때, 질문을 하는 사람도 대답을 하는 사람도 '직업'이 초점인 경우가 많다. 언제부터인가 누군가에게 꿈에 대해 질문하는 것은, 특히 청소년에게 꿈을 묻는다는 것은 '나중에 커서' 어떤 '직업'을 가실래? 라는 뜻이 담겨 있다는 걸 우리는 눈치 채고 있었다. 그래서 꿈에 대한 질문을 받는 쪽은 주로 청소년들이다. 어른들 역시 청소년들에게 꿈에 대한 질문을 해야 한다는 요상한 의무감에 사로잡혀 있다. 그리고 청소년들은 어른들의 질문에 성심성

의껏 답변을 내놓아야 한다는 강박에 시달린다. 미래에 어떤 직업을 가질지 확고하지 않거나 자신 없게 대답하면, 그것만으로도 마치 미래에 아무것도 하지 못할 가능성이 큰 사람처럼 평가되는 세상이 되어버렸다. '꿈마저도 평가받는 시대'에 그대들이 살고 있다. 나아가 내가 꿈이라고 대답한 직업이 지금 사회에서 어떤 위치와 이미지를 갖느냐에 따라 나라는 사람이 어떤 사람인지 판단되는 평가지표가 되기까지 한다.

직업이 꿈이 될 수 있을까?

아직 직업의 세계에 입문한 것도, 당장 직업을 가져야만 하는 것도 아닌데 마치 직업을 가지는 것이 최종 목표인 것처럼 인식되고 있다. 우리의 미래는 그렇게 협소한 범위로 단정 지을 수 없는 것인데도 직업이라는 작은 범위 안으로 거대한 미래를 구겨 넣고 있다. 내가 어떻게 살고 싶은가를 꾸준히 묻고 나서 직업이 '필요'할지 아닐지, 필요하다면 어떤 것이 필요할지를 생각해야 자연스럽다. 이 부분에 관해서 이 책에서 누누이 내포하고 있는 사과를 해야겠다. 어른으로서 미안해요.

여러분은 부모님과 선생님을 포함하여 어른들에게서 받는 질문 중 가장 싫은 질문이 무엇인가? 강의로 만나는 청소년들을 대상으로 설문조사를 해보니, "너 공부 잘하니?"와 "꿈이 뭐니?"라고 대답했다. 아, 정말이지 내가 어렸을 때도 이 질문들이었는데, 세월이 지나도 질문 목록이 업그레이드가 안 됐다. 어른들은 이 질문을 싫어한다는 것을 눈치 채지 못하고 있는 게 분명하다. 명절 때만 만나게 되는 친척 어른도 그렇고, 친하고 안 친하고와 상관없이 어른들은 아이들과 대화를 시작할 때 두 질문 중 하나를 하거나, 때로는 순서만 번갈아 가면서 두 질문을 세트로 하기도 한다.

"우리 민정이는 꿈이 뭐니? 공부는 잘하니?"

한 아이가 하소연하길, 더 얘기가 길어지는 게 불편해서 "모르겠어요."라고 대답했는데 그때부터 "꿈이 없으면 되겠냐." "꿈이란 자고로 어릴 적부터 뚜렷해야 한다." 등으로 이루어진 꾸중 느낌이 물씬 나는 조언을 한참 들어야 했다고 한다. 그래서 대답 하나를 정해놓기로 전략을 바꾸고, 그다음부터는 어른들이 꿈이 뭐냐고 물을 때 '공연기획자'라고 대답했더니 글쎄, (혹시 짐작이 가는가?) 그 꿈이 비전이 있는지, 잘 알아보고 정했는지, 재능은 있는지, 돈은 안정적으로 버는지, 그 분야에서 누가 성공했는지 등의 말이 길게 이어졌단다. 그래서 도대체 어떻게 해야 한지 모르겠다며 울상을 짓는다.

여러분은 꿈이 뭐냐는 질문에 어떻게 대답하는가? 학교를 비롯해 많은 곳에서 꿈을 직업으로 인식하고 기록까지 하니 직업 위주로 대답하고 그렇게 알고 있지는 않은가?

"별이 잘 보이는 마을에서 살고 싶어요."

"친구들한테 '너랑 얘기하면 마음이 편해져.'라는 말을 듣는 사람이 되고 싶어요."

"노숙인들에게 힘을 주는 공연을 그들과 함께 만들어보고 싶어요."

혹시 이런 대답은 직업보다 덜 구체적이고 이상적으로 보이는가? 꿈이라는 것이 얼마나 여러 형태가 될 수 있는지 상상해보는 것 또한 생각의 시야를 넓히는 방법이다. 세상 사람들이 질문하는 꿈은 직업에 국한된 것이라 해도, 직업에만 갇히지 않는 나의 대답을 마련해보자. 그 답이 어쩌면 세상의 협소한 질문까지도 변화시킬지 모른다.

잠시, 지금 바로 어느 방향으로든 고개를 돌려서 눈에 들어오는 장면에 너무 집중하지 않으면서 약간 멍하니 생각해보라. 내 꿈의 범위는 어디까지인가? 나는 어떤 삶을 살고 싶은가? 나는 어떤 사람이 되고 싶은가? 나는 어떤 사람들과 연결되어 살고 싶은가? 나는 어떤 하루하루를 살고 싶은가?

우리는 나 자신을 관찰하며 물어야 한다.

'어떤 꿈들이 생겨나고 사라지는가?'

'어떤 꿈은 오래 가고 어떤 꿈은 금방 사그라지는가?'

'어떤 꿈은 작지만 크고, 어떤 꿈은 크지만 작은가?'

'꿈 안에서 나는 자유롭고 행복한가?'

'꿈을 근사하게 이뤄야 한다는 부담에 눌려 내가 작아지고 꿈이

두려운 것은 아닌가?'

꿈에 대해 직업으로 대답하는 것이 잘못됐다는 것이 아니다. 만약 직업으로 꿈 이야기를 할 거라면, 우리가 놓치고 있는 게 무엇인지 끊임없이 알아차려야 한다. 직업 자체가 아니라, '어떤 생각을 가진' 직업인이 될 건지에 대한 것 말이다. 선생님이라는 직업이 아니라, '마음이 힘든 아이들에게 든든한 버팀목이 되어주는' 선생님이라는 '어떤'을 놓치지 말자. 선생님이라는 직업 자체에 강조점을 두는 것이 아니라, 선생님을 이룰 수식어에 강조점을 두고 스스로 묻고 스스로 대답할 수 있어야 한다. 직업은 살짝 뒤로 미루고 '어떤'을 먼저 생각하기. 직업보다 '어떤'에 더 자신감을 갖기.

이 '어떤'이 뚜렷해지면 그 '어떤'을 실현해줄 직업 후보를 다양하게 생각해보는 거다. 예를 들어 '나는 어려운 사람들을 돕는 사람이 되고 싶어'라는 꿈을 염두에 둔다면, 어려운 사람 중에서 어디에 마음이 가는지를 관찰하고, 그 사람들과 함께할 수 있는 직업 후보를 생각하는 순서로 재정렬해보자. 이렇게 하면 직업은 내가 이뤄야 하는 목표가 아니라 나의 꿈을 돕는 도구가 된다. 이 이야기를 좀 더 깊게 나누기 위해 '좋은 사람'이 되고 싶은 한 사람을 만나볼까 한다.

당신은 좋은 사람입니까?

그는 이미 어른이 되어버렸다. 그리고 직업도 결정되었다. 사회적으로 인정받는 꽤 괜찮은 직업이다. 어디 가서 명함을 내밀면서 자신을 소개하면, "오, 변호사세요? 멋진 일을 하시네요."라고 반응할 그런 직업이다. 그런데 그는 왜 불행할까? 불행하다는 느낌을 주는 몇 가지를 나열해보겠다. 우선 표정이 거의 무표정이다. 눈빛이 무감각해 보이고 행동도 무기력해 보인다. 한숨도 자주 쉬고, 늙은 아버지가 장난을 치면 그것에 맞춰 리액션을 하기보다는 무덤덤하거나 버럭 화를 낸다. 아버지한테 화를 낼 때 주로 하는 말은 "아버지 보증 때문에 빚이 얼만 줄 알아요?"이다.

순호가 원래 그런 사람인 건 아니고 세월 속에서 변한 것임이 분명해 보인다. 사회적 약자들을 변호하기 위해 민변(민주 사회를 위한 변호사 모임을 줄여 부르는 말)으로 시작했으며, 현재도 사회 운동을 하고 있는 기자와 절친했던 사이로, 한때 뜻을 같이한 추억이 있는 듯하다. 추리해보자면, 순호는 사회를 변화시키고자 열심히 공부해서 변호사가 됐지만, 아버지 보증으로 빚이 많아서 얼른 그 빚을 갚는 것이 목적이 되어버린 것이리라. 그런데 돈을 버는 그 직업이 그리 설레거나 행복하지 않은 것 같다. 행복하지 않은 마음은 왜 늘 그렇게 선명하게 티가 날까?

영화 주인공 중에는 이렇듯 고단한 현실에 억눌려서 어느새 삶에서 돈 버는 것만이 목표가 되어버린 경우가 있다. 그들은 하나같이 비슷한 모습을 보인다. 돈 버는 목표에만 집중하다 보니 자신이 어떤 표정과 어떤 눈빛과 어떤 리액션을 하고 있는지 모른다. 사람들은 그렇게 자신을 잃어버린 사람의 눈빛, 자신을 돌보지 않는 태도, 본래의 목적을 상실한 혼란스러운 모습을 보며 불행해 보인다고 말한다.

그에게 기회가 왔다. 돈을 더 벌고 승진할 기회 말이다. 하지만 그러기 위해서는 사회적 약자를 변호하는 원래 자신의 꿈과 정확하게 반대편에 있는, 권력을 가진 이들의 목소리를 대변해야 한다. 그는 돈을 벌기 위해서는 약간의 불의와 타협할 줄도 알아야 한다면서 자신의 내면을 설득했고 스스로 설득당했다. 그는 그 일을 하기로 한다. 이 일만 성공하면 이 지긋지긋한 불행에서 벗어날 수 있을 테니 말이다. 자신의 좋은 머리와 친화력과 공부와 경험으로 얻은 실력을 모두 동원해서 잘해볼 생각이다.

이렇게 결심한 주인공을 영화는 참으로 영화답게 그냥 놔두지 않는다. 굳은 결심을 한 그를 기어이 어떤 질문 앞으로 안내한다.

"당신은 좋은 사람입니까?"

그는 삶을 무감각하게 살면서 주어진 불행에 자신을 내주며 돈이나 벌기로 했다. 그런데 그것은 그를 행복보다는 행복하지 않은 쪽으로 이끌었다. 돈 버는 일이 뭐 나쁜 일도 아니고 그는 왜 행복하지 않았을까? 아마도 그 이유는 이 질문을 스스로 숨겼기 때문일 거다. 왜냐하면 이 질문은 현재 자신의 비겁함을 돌아보게 하고, 타협하는 자신의 모습을 직면하게 하니까. 그런 자신을 마주하는 것이 아프고 아려서 이 질문을 모른 체하거나 체념하는 쪽을 택했을 것이다. 그는 원래 좋은 사람이 되고 싶었을 테니까.

애초에 그는 사회적 약자와 환경이 어려운 사람을 변호하고 힘이 되어주고 싶어서 변호사라는 직업을 선택했다. 그러나 그 직업은 좋은 사람이 되기 위한 도구가 아니라 돈을 벌고 승진할 도구가 되었다. 순호는 자신을 변호하고 자신의 힘을 키우는 데 이 직업을 이용하기로 한다. 성공하려면 적당히 때도 묻게 마련이며, 처한 상황이 어쩔 수 없으니 적당히 타협하면서 사는 거라고 생각하면서 말이다. 그러면서 언젠가는 어려운 이들을 위해 좋은 일을 할 거라고 위안을 했을지도 모르겠다.

마침내 그의 체념과 타협은 어느 정도 성공한 것처럼 보인다. 기어이 지우를 증인석에 세우고 지우의 증언을 신뢰할 수 없다고 선언함으로써 권력자들의 편에 안착한 것이다. 자신에게 돈과 권력을 쥐여줄 손과 악수함으로써, 편들어줄 사람 하나 없는 약자들에게 뻗었던 예전의 손을 완전히 거둬들였다. 죄가 있는 사람은 죄가 없어지게, 진실을 말한 사람은 믿을 수 없는 사람으로 만드는 변호사로서 '기능적 능력'을 발휘해버린 것이다.

지우는 자폐가 있지만 남이 듣지 못하는 작은 소리까지 선명히 들을 수 있고, 그 말을 정확하게 기억해서 그대로 재현할 수 있다.

자폐는 자폐가 없는 사람들에게 장애로 인식되지만 비범한 능력이라고 말할 수 있다. 선명하고 정확하게 듣기 때문에 착각할 리 없으며, 거짓말을 한다는 개념이 없다. 그래서 비장애인들이 종종 하는 미화하기, 부풀리기, 축소하기, 꾸며내기를 하지 않는다. 그런데 그런 특성을 무시하고 자폐가 있다는 사실 하나만으로 지우는 증인이 될 수 없다. 심지어 증언을 믿을 수 없다고 지우를 몰아붙이며 겁먹게 한다. 그 빗나간 열의 덕분에 순호는 로펌(법률회사)에서 인정을 받고, 살인을 한 사람과 살인을 교사한 사람은 무죄가 된다. 지우에게 신뢰를 얻기 위해 성실하게 나타나고 친근하게 굴었던 순호의 행동은 모두 가식이었던 걸까? 순호는 많은 영화와 드라마에서 등장한 '사람을 이용하는 나쁜 사람'의 모양을 정확하게 재현해낸다. 마치 원래 그런 사람이었던 것처럼.

순호는 자신이 속해 있는 로펌에서 인정도 받고, 보너스도 받고, 상사에게 칭찬도 받고, 승진을 앞두게 되어 신이 난다. 하지만 왠지 진정으로 속 깊이 기뻐 보이진 않는다. 이제 빚도 갚을 수 있고 돈과 권력을 누리는 탄탄대로에 올라선 것 같은데 아버지도, 주변 사람도 자신을 '그러면 안 된다'는 시선으로 바라보는 것 같고 무언가 놓친 것처럼 편안하지가 않다.

좋은 사람이 되고자 했던 사람에게 피할 수 없는 것이 하나 있다. 바로 내면의 목소리. 우리가 양심이라고도 하고 영혼이라고도 하는 그 목소리 말이다. 자신에게 조금씩 마음의 문을 열고 오후 5시가 되면 전화 약속을 꼬박꼬박 지키던 지우, 자폐 가족의 경험을 기꺼이 나눠주며 자폐 스펙트럼 장애가 있는 지우와 소통하는 방법을 알려주던 검사, 자신을 믿어준 지우의 엄마. 이들을 배신한 순호에게 순호의 영혼이 말을 건다.

'이건 아니야. 뭔가 잘못됐어.'

"증언합니다. 당신은 좋은 사람입니다"

여러분은 '좋은 사람' 하면 떠오르는 사람이 있는가? 그 사람은 어떤 사람이기에 좋은 사람이라고 생각하는가? 좋은 사람 목록에 자신도 포함되어 있는가? 여러분은 완전하게는 아니더라도 좋은 사람에 어느 정도 가깝게 가려고 노력하는 사람인가?

이 영화 〈증인〉은 어떤 사람이 좋은 사람인지 순호 아버지의 편지로 우리에게 다정한 설명을 건넨다. 그 편지로 여러분을 초대한다.

"순호에게.

하마터면 네 생일을 잊을 뻔했구나. 태어나주어 고맙다. 살아가는 데 기쁨이 되어주었어.

네가 열여섯 살 되던 해, 법조인이 되겠다고 말하던 얼굴이 잊히지 않는구나.

솜털도 가시지 않은 입으로 '좋은 일을 하고 싶습니다.'라고 하는데, 나는 너무 좋아 방귀를 뀌었었지. 법조인이 되겠다고 해서 좋았던 것이 아니라, 잘 자라주었구나 했던 거다.

살아보니 말이다. 좋은 일만 있지는 않더구나. 세상은 비정하고 모순투성이에다, 실수도 하고 힘든 일도 많지. 그런데 아들아, 지나간 일들은 잊어버려라. 세상에 실수를 하지 않는 사람은 없다. 너 자신을 사랑했으면 좋겠다. 그래야 다른 사람을 사랑할 수 있다."

아버지는 순호가 본래 좋은 사람이 되고 싶어서 법조인 일을 선택했으나 상황이 힘들다는 이유로 부정과 타협한 실수를 알고 있었던 것 같다. 초심을 잃고 좋은 사람 되기를 체념한 것을 알고 안타까웠을 것이다. 순호가 좋은 사람이 되고 싶은 이유는, 오직 타인을 위하거나 헌신적이어서가 아니라 순호가 자기 자신을 사랑해서라고 말하고 있다.

한 가지 확신하는 것이 있다. 사람은 누구나 좋은 사람이 되고 싶어 한다. 누군가 울면 안아주고 싶고, 누가 아프면 토닥여주고 싶고, 힘들다고 하면 곁에서 힘이 되어주고 싶어 하는 존재다.

'나는 나쁜 사람이 될 테야.'

처음부터 이렇게 선언하는 사람은 없다. 다만 비정하고 모순투성이의 세상을 만나거나 버거운 삶에 쫓기면서 타협이 일어나고 나쁜 사람의 모양을 선택하는 실수가 일어날 뿐이다. 순호처럼 내면의 소리를 못 본 척하면서 말이다. 좋은 사람은 자기 자신을 사랑하는 사람이고, 자기 자신을 사랑하는 사람은 본래의 질문을 잊지 않는다. 본래의 질문을 잊지 않는 한, 자신의 실수를 다른 실수로 덮거나 회피하려고 하지 않고 실수를 인정하고 제자리로 돌려놓으려고 한다.

'나는 좋은 사람일까?' 하는 순호 내면의 질문을 알고 있다는 듯이 지우가 5시에 답을 내놓는다.

"양순호 아저씨는 좋은 사람입니다."

본래의 질문을 기억하려는 마음이 있는 한 당신은 좋은 사람이라고 증언하는 듯이 말이다. 지우의 증언에 순호는 대답한다.

"아저씨가 좋은 사람이 되도록 노력해볼게."

순호는 잠시 길을 잃고 헤매다 다시 본래 자신의 길로 돌아온다. 애초에 법조인이 되려고 했던 이유, 애초에 변호사를 꿈꿨던 이유 앞에 힘 있게 선다. 어쩌면 지금 선택한 길은 승승장구 보장된 돈과 권력의 길과 전혀 반대 방향일 수도 있고, 안정적인 로펌에서 거부당할 수도 있는 길이다. 그런데도 순호는 뭔가 더 당당해진 눈빛과 단단한 걸음으로 증인석에 앉아있는 지우 앞으로 걸어간다.

"저는 이제까지 지우처럼 정확하게 증언하는 증인을 본 적이 없습니다."

그러고는 자신이 편견 어린 시선에 갇혀 자폐가 있다는 이유만으로 증인으로서 부적격하다고 생각하고 있었다고 법정에서 고백한다. 편견을 갖는 이유는 자기 자신만 생각하기 때문이며 소통하는 법을 모르기 때문이라고 말한다. "네가 변호사야? 지금 변호사의 의무를 배반하는 거야?"라고 소리치는 로펌 상사에게 큰 소리로 외친다.

"변호사도 사람입니다."

순호는 어쩌면 지우와 소통하는 법만 몰랐던 것이 아니라, 자기 자신과 소통하는 법도 잊고 있었는지 모른다. 순호는 '사람'이라면 당연히 지니고 있는, 옳은 방향으로 걸으려는 본성을 저버렸던 자신과 대화하기 시작한다. 그러면서 지우에 대한 편견을 벗고 지우가 진실한 증언을 하고 있음을 발견한다. 지우의 자폐는 부적격이 아니라 청력의 특성이고 기질적 능력임을 인정하게 된 것이다. 순호는 이제 그냥 변호사가 아니다. '어떤' 변호사냐 하면, '진실을 밝히고 다른 사람과 소통하고 선과 악을 밝혀내는 양심 있는' 변호사다.

영화 제목이 왜 '증인'일까? 지우는 자폐가 없는 사람들 기준으로 보면, 의사소통 장애를 가지고 있다. 그래서 가식으로 웃는 것을 구분하거나, 자신을 이용하는 사람을 구별하거나, 이득을 위해 학습된 거짓말을 할 줄 모른다. 그저 자신이 목격한 사실만을 나열한다. 본 것과 들은 것, 기억한 것만 말한다. 그래서 지우의 증언은 각색이 일어나는 평범한 사람들과는 다르다. 더 신뢰할 수 있고 더 사실에 가깝다. 그러나 편견과 자신의 이득만을 생각하는 사람들은 지우를 그저 자폐 장애가 있는 아이로 치부하고 그가 말하는 무수한 진실을 보지 못한다. 진실을 보지 못하는 이유는, 진실을 말하지 않기 때문이 아니라 진실이 무엇인지를 보지 않으려는 편견 때문인지도 모른다고 영화는 우리에게 증언하고 있다.

지우는 순호가 자신을 이용하는 것을 보았고, 실수를 인정하고 만회하는 것을 보았고, 진실을 증명하는 모습을 보았다. 주변의 소리가 너무나도 생생하게 들려서 큰 소리에 취약한 지우는 여러 소음을 걷어내고 진실한 소리를 구분해냈다. 소음과 소리를 정확하게 구분할 줄 아는 지우는 현실의 소음과 타협하려던 순호가 진실한 소리에 귀 기울이는 소리까지 듣는다.

"그렇다면 내가 증언할 수 있어요. 그 소리 내가 들었어요. 당신은 좋은 사람입니다."

우리 이렇게 하면 어떨까? 서로에게 증인이 되어주기로. 세상의 비합리와 타협하며 돈이 최고라고 생각하거나 높은 권력을 갖는 것만이 행복하다는 이상한 결론에 이르지 말고, 우리가 본래 지닌 인간 본성이 건네는 질문인 '좋은 사람'으로 나아가고 있다고, 그 질문을 잊지 않고 있다고 증언하기로 약속하자.

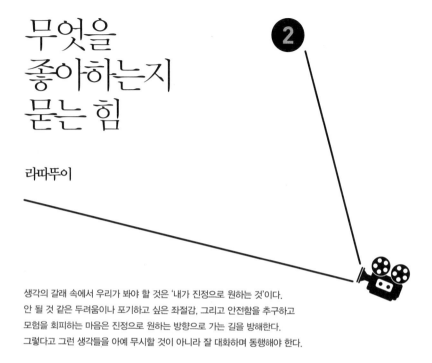

무엇을
좋아하는지
묻는 힘

라따뚜이

생각의 갈래 속에서 우리가 봐야 할 것은 '내가 진정으로 원하는 것'이다.
안 될 것 같은 두려움이나 포기하고 싶은 좌절감, 그리고 안전함을 추구하고
모험을 회피하는 마음은 진정으로 원하는 방향으로 가는 길을 방해한다.
그렇다고 그런 생각들을 아예 무시할 것이 아니라 잘 대화하며 동행해야 한다.

'누구나 요리할 수 있다', 이 말에 동의하는가?

요리를 좋아하는 사람이든 좋아하지 않는 사람이든 음식을 먹고
살아가는 한 우리는 요리와 연결되어 있다. 요리를 잘할 수도 있고
잘하지 못할 수도 있다. 또 간단한 요리 정도는 시도해보기도 하고
요리 관련 방송을 보면서 따라 해보고 싶은 마음이 들기도 한다. 혹
은 누군가의 요리를 먹고 맛있다며 엄지를 치켜들거나 예상치 못한
맛에 당혹스러운 표정을 지을 수도 있다.(그래도 가능하면 맛있다고 해주자.)

누구나 요리할 수 있다?

"누구나 요리할 수 있다"는 말은 프랑스의 아주 유명한 요리사가 낸 요리책 제목이다. 이 책은 요리를 좋아하거나 요리사를 꿈꾸거나 자신의 요리를 스스로 해 먹는 모든 사람에게 용기를 주는 책이다. 아, 물론 영화 이야기다. 영화 〈라따뚜이〉. 이 영화의 주인공 역시 요리를 좋아하고, 이 책을 쓴 셰프의 팬이며, 책을 읽으면서 요리사의 꿈을 키운다. 요리 방송을 푹 빠져서 보고, 방송에 나온 요리 레시피를 잘 외운다. 어떤가? 이 주인공, 요리를 잘하게 될 것 같은가?

그런데, 한 가지 일러둘 게 있다. 이 주인공은 요리할 수 있는 '자격'이 없다. '엥? 그런 자격이 따로 있단 말이야?'라고 반문할 수 있다. 도대체 왜, 요리할 자격조차 되지 않는다고 말했을까? 두둥! 요리를 매우 좋아하고 요리사를 꿈꾸는 이 영화의 주인공은 바로 쥐다. 잘못 들었냐고? 아니, 정확하게 들었다. '찍찍찍' 쥐가 바로 이 영화의 주인공이다.

쥐는 왜 요리할 자격조차 되지 않을까? 가혹한 표현이 아니냐고 감성적으로 말할 수도 있다. 그렇다면 만일 그대가 어느 식당에 음식을 먹으러 갔다고 해보자. 맛깔나게 요리된 음식이 나오고, 배고픈 참에 이제 막 먹으려고 하는데, "손님, 이 음식은 쥐가 만들었습니다. 아, 물론 깨끗하게 네 발을 씻었고 모자도 썼습니다. 그럼 맛있게 드십시오."라고 한다면 그 음식을 맛있게 먹을 수 있겠는가? 쥐가 요리하는 것이 잘 상상이 되지 않을 텐데, 그럼 그 식당에 쥐가 있는 것을 봤다면 어떨까? 쥐를 본 것만으로도 음식을 먹는 데 엄청 신경 쓰일 것이다. 그 식당의 위생 상태가 의심스럽고, 맛깔나게 보이는 음식에도 영 식욕이 돋지 않을지 모른다. 쥐는 이렇듯 등장만으로도 유쾌하지 않은 존재이고, 식당에 들여놓아서도 들어와서도 안 되는 존재다. 그런데 이 영화는 도대체 왜 쥐를 주인공으로 캐스팅한 걸까?

그대가 이 영화의 감독이라고 상상하고 요리 영화에 쥐를 주인공으로 선택한 이유를 말해볼 수 있겠는가? 요리하는 식당과 가장 멀리 떨어져 있어야 할 존재, 창조된 음식보다는 음식쓰레기와 더 가까운 존재를 요리와 연결함으로써 우리에게 알려주고 싶은 건 무엇일까?

앞에서 '자격'이라는 말을 했는데, 과연 누군가가 무엇을 하고 싶다면 어떤 자격요건을 충족해야 할까? 쥐는 요리할 자격이 없다고 말할 수도 있지만, 주인공 레미는 여느 쥐와 다르다. 다른 쥐들과 달리 음식쓰레기에 열광하지도 않고, 사람의 음식을 탐하지도 않으며, 지금 당장 배를 채우기 위해 눈에 보이는 것을 먹어치우는 데 급급하지도 않다. 자신의 손으로 재료의 조합을 시도해보고, 허브 향을 직접 맡아보고, 수프를 끓이고 행복하게 맛본다. 그리고 무엇보다 자신이 만든 요리를 다른 이(쥐)에게 먹이고 싶어 한다. 그래서 형을 데리고 버섯을 번개에 튀겨주려고 지붕에 올라갔다가 자신이 튀

겨질 뻔하기도 한다. 가만히 지켜보니 이 쥐, 자격이 된다. 누구나 요리할 수 있다고 말한 셰프는 아마도 이 말을 앞에 붙이고 싶었을 것이다. '요리를 좋아한다면' 누구나 요리할 수 있다고.

영화는 시작되자마자 레미가 얼마나 요리에 관심이 많은지, 요리를 상상하고 말할 때 얼마나 행복해하는지를 부지런히 보여준다. 이를 목격한 관객은 레미가 '쥐'로 태어나서 자격이 없다는 것도 잊은 채 매료되고 응원하는 위치에 서게 된다. 그리고 어느새 얼른 레미가 요리를 해볼 기회를 가지면 좋겠다고 기대하게 된다. 아, 무언가에 끊임없이 호기심을 갖고 좋아하는 모습은 얼마나 매력적인가?

'무언가를 꿈꿀 수 있는 자격'이란 무엇일지에 대한 질문에 영화는 레미의 모습으로 답변을 해줬다. 좋아한다면, 몹시 좋아한다면, 그것을 생각하는 것만으로도 행복하다면 자격이 있다고 말이다. 좋아하는 건 누구나 할 수 있으며 누구든 저마다 좋아하는 것을 발견할 시간이 온다. 그대, 무언가에 매료되고 그것을 좋아하는가? 그렇다면 이미 자격이 충분하다.

지금의 꿈은 미래의 무엇과 연결될까?

🏆 주방 퇴치대상 1호인 쥐는 주방에 들어갈 수 없다. 게다가 평소에 쓰레기통에 버려지거나 곰팡이가 핀 음식을 먹거나, 사람용 음식

을 몰래 들어와서 먹다가 부리나케 도망치거나, 하수구 같은 곳에서 살기 때문에 신선한 재료의 조합으로 탄생하는 요리에 관심을 가질 기회가 없다. 그런데 레미는 자꾸만 재료의 신선도와 재료의 조합에서 오는 맛의 풍미를 상상하며 행복해한다.

"딸기의 맛은 달콤하고, 치즈의 맛은 고소해. 이 두 개를 같이 먹으면 그 맛이 아~~ 풍미가 엄청나."

가족들은 레미의 재능을 한눈에 알아본다. 절대 미각과 후각을 가지고 있으며 재료를 섬세하게 탐색한다는 걸 말이다. 그래서 레미의 아버지는 레미를 쥐약 검증원으로 임명한다. 레미는 쥐들의 집 입구에서 쥐들이 쓰레기더미에서 주워온 음식들 냄새를 하나씩 맡으며 쥐약이 뿌려져 있는지 아닌지 구분하는 일을 한다. 레미 덕분에 쥐 무리들은 쥐약 위험으로부터 안전하다. 그러나 레미가 하고 싶은 것은 음식이라는 창조, 요리를 해보는 것. 물론 이런 꿈이 쥐 신분에 적합하지 않은 줄은 알지만, 또 인생 아니 쥐생鼠生을 어떻게 알겠는가? 혹시 모르지. 요리를 할 수 있게 될지도.

레미네 가족이 살고 있던 집의 주인인 할머니에게 들켜 다른 곳으로 급히 도망가는 과정에서 레미는 가족과 떨어지게 된다. 아, 정말이지 여기서도 못 말리는 게, 목숨이 위험한 상황에서도 레미는 요리책을 챙겨 나오느라 가족들보다 뒤처지고 만 것이다. 레미는 가족들과 다른 방향의 하수구에서 흘러흘러 어딘가에 닿게 되는데, 홀로인 레미에게 상상 속 스승이 등장한다. 그 스승은 바로 누구나 요리할 수 있다고 말한 구스토 셰프다.

레미는 운명처럼 자신이 존경하는 구스토 셰프의 별 다섯 개짜리 레스토랑에 들어가게 되고, 거기에서 우연히 수프를 요리하게 된다. 아니, 더 정확하게는 그냥 지나칠 수 없었던 이상한 향의 수프에 온갖 재료를 넣고 맛있게 만들어내는 모습을 링귀니에게 들킨다. 링귀니는 요리에 재능이 전혀 없지만 구스로 셰프의 아들이기 때문에 뒤를 잇기 위해 요리 재능이 있는 척해야 한다. 서로 모자란 것을 채워줄 둘은 이렇게 운명적으로 만나게 된다.

이때부터 요리를 누구보다 좋아하고 잘하지만 주방에 입장할 수 없는 쥐 레미와, 주방에 입장할 수는 있지만 요리와는 친하지 않은 링귀니와의 합동 작전이 시작된다. 레미는 링귀니의 주방모자 안에 들어가 링귀니의 손을 조정해서 여러 가지 요리를 해내고 이내 레스토랑에서 실력을 인정받는다. 물론 레미가 아니라 링귀니가 요리한 것으로 보일 수밖에 없지만, 레미는 마침내 요리를 할 수 있게 된 것이다. 링귀니 역시 자신의 아버지 구스토의 죽음으로 레스토랑을 물려받아야 하는 상황에서 자신의 못난 실력을 들키지 않고 무사히 후계자로 인정받게 된다.

우연히 가족과 헤어져, 우연히 자신이 존경하던 구스토 셰프의 레스토랑에 들어가, 우연히 자신이 필요한 링귀니를 만나 요리를 하게 될 것이라고 이전에 누가 짐작이라도 했겠는가. 가족과 헤어져 파리 하수구에서 배를 쫄쫄 굶는 것을 보며 그저 불행이 닥쳤다고 생각할 뿐 그것이 꿈을 이루는 길로 이어질 것이라고는 상상도 못했을 것이다. 이런 일은 영화라서 일어나는 일이 아니다. 삶은 어디로 흘러, 어떤 사건을 마주하고, 누구를 만나서, 어떤 꿈과 연결될지 알 수 없다. 그런데도 우리는 자꾸만 자신의 미래를 예측하고 그 미래가 마치 실제인 것처럼 생각한다. 미래를 더 풍부하게 예측하면 좋겠지만, 보통 미래를 예측할 때 기준을 현재로 두기 때문에 미래에 대한 예측 역시 현재에 얽매이게 된다. 예를 들어, '현재의 성적으로는 좋은 대학에 들어갈 수 없고, 좋은 대학에 들어가지 못하면 나는 내 이름으로 영화 만드는 일은 하지 못할 거야.' 같은 식으로 한계를 긋고 예측을 한다.

지금의 시험 성적이 미래에 영화감독이 되고 안 되고를 예측하는 기준이 된다는 것이 잘 생각해보면 어딘가 이상하지 않은가? 심지어 학교 시험 성적과는 무관하게 훌륭한 영화를 만든 감독이 실제로 많음에도 여전히 현재의 협소한 기준으로 미래 전체를 예측하고 재단한다.

말이 나온 김에, 영화감독에 대한 얘기를 좀 더 나눠보자. 영화를 만드는 일을 하기 위해서 가야 할 길은 딱 하나가 아니라 여러 갈래가 있다. 지금 내가 서 있는 길에서 일직선으로만 길이 나 있는 것이 아니다. 조금 더 걸어가 보면 갈림길을 수없이 만나게 될 것이다. 그 길 중 하나는 분명 내가 걸어갈 길이며, 그 길을 걷는 중에 어떤 사람과 경험을 만날지 예측할 수 없다.

거의 7년이 넘은 일인데, 한 고등학교에 인문학 특강을 갔다. 강의 중간 쉬는 시간에 한 학생이 다가오더니 명함을 내민다. 명함을 달라는 학생은 많이 만났지만 자신의 명함을 내미는 경우는 처음이라 놀라며 명함을 받았다. 명함에는 신OO 감독이라고 쓰여 있었다.

"어머, 영화감독이에요?"

"아직 아닌데, 제가 명함 만들어서 가지고 다니는 거예요. 제 이름 기억해두세요. 제가 진짜 감독이 될지도 모르잖아요."

그 명함은 아주 깊은 인상을 주었다. 그래서 간직하고 있다가 문득 문득 신OO 감독이라고 포털 사이트에 검색을 해보곤 했다. 그런데 어느 날 그 이름이 나왔다. 29초 영화제라는 전국대회에서 그날의 말처럼 진짜 감독으로 상을 받은 것이다. 아마 당사자는 명함을 준 것을 잊었을지 모르지만 나는 축하의 댓글을 남겼다. 그는 분명, 여러 번 공모전에 작품을 내고 그 이후에도 계속 시도를 했을 것이고, 여전히 영화를 사랑하고 있을 것이다. 상을 받을 것이라며 명함을 만든 그도, 명함을 받던 나도, 곁에서 놀리듯 웃던 친구들도 몰랐지만 그런 일은 일어났다.

우리의 미래는 아직 정해지지 않았고 알지 못한다. 이것이 여러분의 미래에 대한 유일한 단서다. 아직 정해지지 않았기 때문에 그 모양은 점차 만들어져 갈 것이고, 알지 못하기 때문에 기준이 없다. 그렇기에 우리가 미래의 모양을 재단하거나 지금을 기준으로 삼을 아무런 근거도 이유도 없는 것이다.

이 말을 기억하기를! 꿈의 기준은 지금이 아니라 미래가 되어야 한다. 그러나 미래는 알 수 없다. 그렇기에 마음껏 꿈을 꿔도 좋다.

무엇을 좋아하는지 묻는 힘

예상치 못한 길로 접어든 레미는 오랫동안 꿈꾸고 그리던 (절대 불가능할 것 같았던) 요리하는 일을 마음껏 하게 되지만 영화는 그렇게 순조롭게만 흘러가지 않는다. 쥐 레미의 정체 그리고 쥐에 기대어 요리를 잘하는 척했던 링귀니의 정체가 들통난다.

"이 쥐가 요리를 얼마나 잘하는지 알아요? 지금까지 모두 이 쥐의 실력이었다고요. 이 쥐에게 레스토랑을 맡겨봐요."

다른 건 몰라도 쥐만큼은 도저히 받아들일 수 없는 직원들은 모두 레스토랑을 떠나고 음식을 주문한 손님들에게 아무것도 제공할 수 없는 위기에 놓이게 되는데….

이 영화에서 또 한 가지 인상 깊은 것은 레미가 끝없이 대화를 나누는 멘토의 존재이다. 프랑스 파리에서 가장 유명한 요리사이며, 《누구나 요리할 수 있다》라는 책을 써서 많은 이들에게 용기를 줬고, 요리 방송으로 레미를 꿈꾸게 한 그 인물, 구스토 셰프와 레미는 수시로 대화를 한다. 배가 너무 고파서 음식을 훔치고 싶은 순간에도, 에이겼던 가족과 오랜만에 만나서 레스토랑 식재료를 몰래 가져다 줄 때도, 누군가의 계략에 의해 쥐 트랩에 갇혔을 때도 구스토 멘토는 어김없이 레미의 머릿속에 나타나 레미와 대화를 한다.

"난 네 상상만큼 자유로울 수 있어. 난 너의 상상이니까. 그런데 너도 그래. 너도 네가 생각하는 것만큼 자유로울 수 있어."

영화에는 이런 장면이 종종 등장한다. 주인공은 세상에 존재하지 않는 스승이나 가상의 존재와 끊임없이 대화를 하며 상황을 헤쳐나간다. 그리고 둘의 대화는 의견이 일치하기보다는 반대되는 의견을 주고받을 때가 많다.

주인공이 "난 할 수 없을 거야."라고 말하면, 대화 상대(스승이거나 가상의 존재)가 이렇게 대답한다.

"왜 그렇게 빨리 포기해. 너라면 분명 해낼 수 있을 거야."

영화 〈캐스트 어웨이〉의 주인공 척과 배구공 윌슨의 대화가 이러했고, 앞에서 다룬 영화 〈김씨표류기〉에서 주인공 남자 김씨와 '오뚜기 깡통 허수아비'의 대화가 이러했다. 이 대화는 실제 그 존재와 나누는 대화가 아니라 내 안에 있는 두 가지 생각이 나누는 대화를 표현한 것이다. 우리 안에는 한 가지 생각만 있는 것이 아니라, 여러 갈래의 생각이 있다. 어떤 생각은 할 수 있다고 말하고 어떤 생각은 할 수 없다고 말하고 어떤 생각은 다 모르겠다 말하기도 한다. 이런 생각의 갈래 속에서 우리가 봐야 할 것은 '내가 진정으로 원하는 것'이다. 안 될 것 같은 두려움이나 포기하고 싶은 좌절감, 그리고 안전함을 추구하고 모험을 회피하는 마음은 진정으로 원하는 방향으로 가는 길을 방해한다. 그렇다고 그런 생각들을 아예 무시할 것이 아니라, 그것들과 잘 대화하며 동행해야 한다. 두려움과 좌절과 불안과 대화하며 같이 걸어가는 것이다. 단지 내가 원하는 것을 향해 걷는 걸음을 멈추지만 않으면 된다. 길을 나선 사람은 누구나 이런 대화를 나누며 걷는다.

레미 역시 구스토 셰프와 대화를 한 것이 아니라 끊임없이 자신의 내면과 대화를 나눈 것이다.

'나는 그저 쥐일 뿐이야. 내가 뭘 하겠어.'

자신의 생각이 이렇게 말할 때,

'아니야, 누구나 요리할 수 있잖아. 그렇다면 나도 할 수 있는 거 아닐까? 나는 요리를 좋아해. 그럼 됐지.'

라고 스스로 대답했다.

스스로 질문하고 스스로 대답하면서 할 수 없다고 여겨지는 것을 용기 내어 시도한 것이다. 음식을 훔치는 자신을 꾸짖기도 하고, 모든 것이 불만스러워서 포기하고 싶은 순간에 다독거리기도 하면서 끝내 다시 레스토랑으로 걸음을 옮긴다. 레미는 가상의 멘토를 설정하여 계속해서 자신에게 묻고 있다. 질문은 단 하나.

"나는 이것을 하고 싶은가?"

우리는 꿈에 대해 말할 때 그 꿈을 이룰 수 있을까 없을까를 생각한다. 좋은 결과를 얻을 가능성에 따라 꿈을 결정하려고 한다. 그런데 그 꿈이 이뤄질지 이뤄지지 않을지는 예측으로는 도저히 알아낼 길이 없다, 가보는 수밖에.《영화가 나에게 하는 질문들》에서 다룬 영화〈포레스트 검프〉에서 주인공 포레스트가 달릴 수 있는지 없는지는 예측과 계산으로 알 수 없다. 자신의 다리가 튼튼해졌는지 달릴 수 있는지는 오직 달려봐야 알 수 있다. 그러나 내가 원하는 방향으로 가려면 이정표가 필요하다. 갈림길에서 어느 쪽으로 갈지 안내판이 있어야 하고, 더 걸을지 잠시 쉬어갈지 표시가 있어야 한다. 그 이정표는 '내가 무엇을 좋아하는지 묻는 힘'에서 나온다.

우리가 좋아하고 설레는 것들은 세월이 지나고 경험이 쌓이면서 변한다. 좋아하는 정도가 달라지기도 하고, 알고 보니 그리 좋아하지 않게 되기도 하고, 점점 더 확고하게 좋아지는 경우도 있으며, 전혀 새로운 흥밋거리가 생기기도 한다. 여러분의 부모님이 그랬고, 여러분의 선생님이 그랬고, 주변 어른들이 그랬다.

그때마다 필요한 질문은 '이것이 가능성이 있을까?'가 아니라, '나는 이것을 좋아하는가?', '진정으로 하고 싶은가?'이다. 이 질문을 제대로 하지 않으면 갈림길에서 길을 잃거나, 가던 길을 멈추거나, 더 큰 가능성을 찾아 전전긍긍하기 십상이다. 그리고 무언가를 이루었다 해도 가지 못한 다른 길을 그리워하는 삶에 이르게 될 것이다.

'나는 이것을 좋아하는가?'라는 질문에 'YES'라는 대답이 나왔다면 그다음엔 어떻게 해야 할까? 해보는 것. 이 영화의 주인공 레미는 '누구나 할 수 있다'는 말에서 '누구나'라는 단어에 희망을 품는다. 그 누구나의 범위에 자신도 속할 것이라 생각하고, 들키면 언제 주방에서 쫓겨날지 모르지만 '해보기로' 한다. 그렇게 그는 꿈꾸던 요리를 만나고 위기도 겪으면서 자기만의 레스토랑을 운영하게 된다. 아, 물론, 사람들에게는 비밀이다.

그렇다면 이제 우리는 꿈에 대한 세 가지 이정표를 가지고 우리의 길을 가보기로 하자.

첫째, 꿈의 기준은 지금이 아니라 미래가 되어야 한다. 미래는 알 수 없다. 그러니 마음껏 꿈꾸어도 좋다.(단, 지금 할 일을 소홀하게 하지 않아야 한다는 것도 기억하자.)

둘째, 나 자신이 '무엇을 좋아하는지 묻는 힘'을 키우는 것. 좋아하는 것은 변한다. 그렇기 때문에 수시로 물어야 한다. 지금 나는 무엇에 가슴이 뛰는지.

셋째, 재능이 있느냐 없느냐보다 중요한 것은 하느냐 하지 않느냐다. 재능은 씨앗에 지나지 않는다. 씨앗 자체로는 열매를 얻을 수 없다. 씨앗을 심고 가꾸고 키우는 것, 즉 시도해보고 성장해가는 것이 더 중요하다.

그대의 운명은 그대를 위해 수많은 우연을 준비해두었다. 그대가 나서기만 한다면!

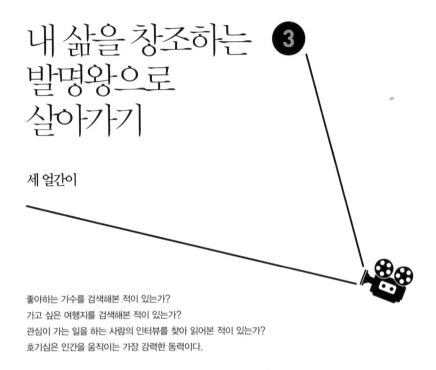

내 삶을 창조하는 발명왕으로 살아가기 ❸

세 얼간이

좋아하는 가수를 검색해본 적이 있는가?
가고 싶은 여행지를 검색해본 적이 있는가?
관심이 가는 일을 하는 사람의 인터뷰를 찾아 읽어본 적이 있는가?
호기심은 인간을 움직이는 가장 강력한 동력이다.

영화 〈세 얼간이〉는 교육철학과 교육 비판을 동시에 잘 담아낸 영화로 유명하다. 원작 소설로도 유명하며, 자신이 주체가 되는 꿈이란 무엇인지와 삶에 대한 철학, 현시대 교육 시스템에 대한 비판을 잘 그려낸 인도 영화다. 우리나라에 발리우드(뭄바이의 옛 지명인 봄베이와 할리우드의 합성어. 인도의 영화산업을 가리키는 말) 붐을 일으키는 데 지대한 공헌을 했다. 인도 영화는 영화 중간에 등장인물들의 노래와 춤이 등장하는데, 처음 접하는 사람들은 낯설어하지만 거의 모든 영화에 등장해서 보면 볼수록 특유의 매력이 있다는 평가를 받는다. 특히 이 영화는 노래와 춤이 아주 자연스럽게 등장하고 노래 가사가 공감을 불러일으킨다. 그래서 2시간 20분이라는 긴 러닝타임이 지루하지 않게 느껴진다.

당신의 무엇을 발명하고 있는가?

〈세 얼간이〉 영화 이야기를 하기 전에 우리가 주로 접하는 영화는 어느 나라에서 제작된 작품들인지 한번 살펴보려 한다. 우리나라는 주로 어느 나라의 영화를 수입하고 있을까? 짐작하다시피 대부분 미국 영화를 수입하고 있다. '2019년 상반기 한국영화산업 결산'에 따르면, 미국 영화 관객 점유율이 44.9%에 이른다. 우리나라에서도 영화를 많이 제작하고 있고 수준이 상당함에도 한국 영화시장은 미국 영화 수입이 압도적이라고 할 수 있다. 그래서 청소년들에게 다양한 나라의 영화를 접하라고 권유한다. 가끔 다른 나라 영화들이 난해하게 느껴지는 이유는, 우리가 그동안 미국식 서사와 대화 스타일에 너무 익숙해져 있기 때문일 수도 있다. 그 나라의 문화를 이해하는 데 가장 좋은 것은 가서 살아보는 것이고, 그 다음이 여행을 가는 것이다. 그런 경험을 지금 당장 하기 어렵다면, 그 나라의 영화를 보라고 말하고 싶다. 그 나라만의 풍경, 그 나라만의 유머, 그

나라만의 대화 방식, 그리고 그 나라의 언어 등과 친해질 좋은 기회를 영화가 열어줄 것이다. 한 나라의 영화에는 시대적 배경과 역사의식 그리고 사람들의 인식과 문화가 깃들어 있다.

인도 영화는 미국 영화산업이 세계적으로 발을 뻗은 가운데 인생철학에 대한 고민과 색다른 느낌으로 또 다른 팬덤을 구축하고 있다. 영화 〈블랙〉, 〈지상의 별처럼〉, 〈당갈〉, 〈라이프 오브 파이〉, 〈슬럼독 밀리어네어〉 등을 시작으로 다양하게 접해보기를 바란다. 흔히 우리가 '취향'이라고 말할 때 많은 것을 접해본 후 '나에게 가장 잘 맞는 것은 이것이다'라고 선택하는 경우는 흔치 않다. 선택의 폭과 경험이 협소한 상황에서 그것들에 익숙해져 나의 취향인 것처럼 생각하게 되는 경우가 많다. 선택의 폭이 좁은 이유는 산업 구조나 이득과 배분의 문제 때문일 수도 있고, 선택의 기회가 차단되는 입장에 놓여서일 수도 있다.

청소년 시기는 자신이 선택하기보다는 일방적인 방향으로 정보가 제공되는 경우가 많아서 자신의 취향을 주체적으로 선택할 기회를 얻지 못한다. 그러니 일부러라도 다양한 나라의 영화와 다큐멘터리, 목소리를 접하고 다양한 경험 속에서 자신의 취향을 만나보자. 이 영화 〈세 얼간이〉 역시 자신의 취향이 반영된 공부가 아닌 부모와 학교에 의해 강요된 전공이 인간의 꿈을 어떻게 묵살하는지를 보여주는 영화다.

이 영화는 주입식 교육과 기존의 관습에 기발한 생각과 아이디어로 저항하는 란초라는 이름의 주인공과 그의 친구 파르한, 라주가 서로 영향을 주고받으면서 삶의 주인공으로서 꿈을 찾아가는 이야기다. 란초가 친구의 발명품인 드론을 완성하는 장면, 그리고 기계에 대한 자신만의 애정과 철학을 보여주는 모습, 그리고 질문 없는 답습에 자신만의 고유한 생각을 바탕으로 저항하는 모습에서 우리는 '발명'이라는 것을 삶과 연결하여 새롭게 생각해볼 수 있다.

혹시 '발명 특허권'이라고 들어본 적이 있는가? 이것을 획득하기 위한 발명의 기본요건이 있다고 한다. 자연법칙을 이용한 것이어야 하고, 창작이어야 하며, 고도성이 인정되는 것이어야 한다. 이에 따라 발명을 정의해본다면, '자연의 힘을 이용하여 이전의 것에 새로운 아이디어를 덧붙여가는 것'이라고 할 수 있겠다.

주인공 란초는 나중에 400여 개의 특허권을 갖는 아주 유명한 발명가가 된다. 란초는 어떻게 그렇게 많은 발명을 할 수 있었을까? 란초는 영화에서 '저항하는 사람'으로 묘사된다. 기존의 것을 그대로 따르거나 기존의 지식을 그대로 외우거나 남들이 정해놓은 길을 똑같이 따라가지 말고 자신의 길을 발견하라고 끊임없이 말하는 인물이다. 그러면서 동시에 우리 모두에게 이렇게 묻고 있다.

"당신은 당신의 삶을 발명하고 있나요?"

지금 설레나요? 무엇에 호기심이 생기나요?

한 가지 퀴즈를 낼 테니 책 읽는 것을 멈추고 답을 해보길 바란다. "발명을 잘하기 위한 덕목에는 어떤 것들이 있을까?"

이 질문에 대한 답은 다양하겠지만 몇 가지로 압축하면 '호기심', '관찰', '설렘과 기대', '좌절에서 솟아나는 힘', '다음으로 넘어가기'라고 할 수 있다. 강연 때 이 질문을 하면 '천재성', '번뜩이는 아이디어,' '인내' 등의 답이 가장 많이 나온다.

"나는 실패한 것이 아니다. 작동하지 않는 1만 개의 방법을 발견했다."라고 말한 에디슨의 말로도 알 수 있듯이, 타고난 천재성으로 무언가를 발명하는 것이 아니다. 호기심을 갖고 지속해서 관찰하고, 잘못되면 다시 시도해보고, 지금의 발명에 안주하지 않고 다음 호기심으로 넘어가는 것이 발명이라고 정의할 수 있겠다.

란초는 자신이 다니는 대학 총장에게 대학이 가르치는 방식에 문제가 있다며 계속 반론을 제기한다. 화가 난 총장은 "그럼 네가 한번 가르쳐봐."라며 학생들 앞에 란초를 세운다. 란초는 처음엔 약간 주저하다가 어떤 단어를 칠판에 쓴 뒤 학생들에게 30초 안에 뜻을 찾아내라고 퀴즈를 낸다. 총장을 비롯한 학생들은 책을 빠르게 넘기면서 란초가 낸 퀴즈를 풀기 위해 애를 쓴다. 다른 사람들보다 빨리 정답을 찾기 위해서 책장을 분주하게 넘기는 사람들. 그러나 아무도 맞히지 못하고 30초가 지나간다. 란초는 사실은 아무 의미 없는 단어였다고 말하며 이렇게 질문한다.

"이 문제를 듣고 설레었나요? 호기심이 생겼나요?"

이 질문은 우리가 스스로를 어떻게 발명해야 하는지 안내해주는 길잡이가 된다. 무언가를 배울 때나 새로운 것을 접했을 때 가장 먼저 검토해야 할 것은 '내가 그것에 설레는가'다. 설레어서 더 알고 싶고 배우고 싶은지 들여다봐야 한다. 물론 공부하는 모든 것에 설레고 호기심이 생길 수는 없다. 그런 것과 무관하게 어떤(성적, 합격, 졸업증서 등) 것을 획득하기 위해서 해야만 하는 것들도 있다. 이 질문은 설레고 호기심이 일어나는 것만 하라는 것이 아니다. 내가 접하는 것들 가운데 끊임없이 관찰해야 할 대상이 무엇인지를 알아내라는 것이다. 내가 그것에 어떻게 반응하는지를 계속 관찰하고 확인하고 다음 단계로 나아가는 연습이 필요하다.

좋아하는 가수를 검색해본 적이 있는가? 가고 싶은 여행지를 검색해본 적이 있는가? 관심이 가는 일을 하는 사람의 인터뷰를 찾아 읽어본 적이 있는가? 호기심은 인간을 움직이는 가장 강력한 동력이다. 더 나아가게 하는 힘을 준다. '인내심과 끈기를 길러야지.'라는 결심 백 번보다 더 군건하게 지속하는 힘을 만들어내는 것이 호기심이다. 호기심은 억지로 갖는다고 해서 가져지는 것이 아니다. 흥미와 관심이 일어나는 것이 무엇인지에 대한 자기 탐구로 발견하게 되는 것이다. 그러려면 자신에게 충분한 시간을 허락해야 한다. 약간의 관심이 생기다가도 다른 정보와 할 일이 주어지면 금세 호기심은 희석

되고 결국 누군가가 정해준 길을 따라 걷게 되기 십상이다.

오랫동안 청소년들을 만나오면서 가장 마음 아플 때가 무기력에 빠진 아이들을 볼 때다. 한참 에너지가 활발하게 분출되고 자신이 세상과 어떻게 연결될지 탐구하면서 솟아나는 활기가 보는 이에게까지 전달되는 그런 시기임에도, 마치 번아웃된 직장인처럼 에너지가 모두 고갈되어 힘겨워 보이는 아이들. 이 사회가, 어른들이 참 무지한 행동을 하고 있구나 하는 마음에 미안하고 안쓰럽다. 하루를 어떻게 살아야 하는지 촘촘히 정해져 있고, 권리보다는 의무가 훨씬 많아서 그것만으로도 벅찬 상태, 다가올 미래가 걱정되고 주변의 이해와 지지는 적은 상태. 이런 상황에 오래 처하다 보면 어떤 것에도 흥미를 느낄 수 없게 된다. 그럴수록 서툰 어른들은 더 밀어붙이고, 더 질문하고, 한심하게 생각하거나 마음 아픈 말을 한다. 이것은 분명, 여러분에 대한 이해가 부족한 이 사회의 탓이다.

조금 지치고 버겁다고 느껴진다면, 그게 자신에게 시간을 줘야 할 신호라는 걸 알아차리길 바란다. 스스로를 몰아붙이거나 자책하거나 무력해지지 않길 바란다. 여러분은 충분히 잘하고 있고, 존재 자체로 의미가 있다. 힘들 때는 조금 천천히 나아가면 된다. 다만 자신에 대한 관심을 멈추지는 않기로 하자. 다른 그 무엇보다 소외되지 않아야 할 존재가 그대의 마음이다. 그럴 때 자신에게 이야기를 제공하고, 인문학을 제공해보자. 사람들의 이야기가 담긴 고전 소설이나 고전 영화, 영화 역사에서 오래도록 인정받는 영화 목록을 찾아 하나씩 만나보는 것도 권한다. 고전 소설과 영화를 만나면서 잠시 애쓰는 마음을 멈출 수 있고, 위로와 안식을 받을 수도 있으며, 다른 사람들(소설에 등장하는 인물들이나 영화 속 인물들)의 이야기에서 생각지 못한 열쇠를 찾을 수도 있다. 때로는 빨리 때로는 쉬엄쉬엄 걷고, 주변에 도움을 청하기도 하며, 앉아서 엉엉 울기도 하는 것이 삶이다. 삶의 여정에서 스스로를 관찰하고, 탐구하고, 응원하는 일만큼은 소홀히 하지 않기를 바라는 마음을 담아 이 책을 쓴다.

우리는 모두 자신만이 매료되는 목록이 있다. 같은 영화를 봐도, 같은 수업을 들어도, 같은 책을 봐도 각자가 인상 깊은 것이 다르고 주목하는 것이 다르다. 우리가 관찰해야 할 것은, 다른 사람들은 무엇을 인상 깊게 생각하고 주목하는지가 아니라, 나 자신이 무엇을 주목하고 더 알고 싶어 하는가이다. 그리고 한 발 더 들어가 왜 주목하고 왜 관심을 갖는지를 유심히 들여다봐야 한다. 호기심을 갖는 나에게 호기심을 갖는 것. 그런데 지금의 교육 시스템에서는 대부분의 사람이 관심 갖는 것에 나도 관심을 가져야 할 것 같고, 대부분이 잘하는 걸 나도 잘해야 할 것 같고, 친구가 배우고 익히는 것을 나역시 그만큼 해야 할 것 같은 강박에 사로잡힌다. 문제는 이런 강박이 많아질수록 나 자신을 관찰할 기회와 시간을 잃게 된다는 것이다. 그래서 〈세 얼간이〉에 나오는 차투르처럼 정해놓은 답을 잘 외우는 것만이 자신의 길이라고 착각하게 된다.

이 영화를 한마디로 정리하자면 발명에 대해 이야기하는 영화다. 바로 자신의 삶을 발명하는 것 말이다. 자신이 무엇을 좋아하고 원하는지 호기심으로 관찰하고 설렘과 기대로 끊임없이 시도하는 것, 잘되지 않더라도 좌절하지 않고 "모두 잘 될 거야(All is well)."라고 믿으며 다시 시도하는 것, 다시 말해 삶을 온전히 살아가는 힘에 대해 말하고 있다.

"All is well."

우리는 미래의 생활을 풍요롭게 하는 것에 정신이 팔린 나머지 지금의 영혼이 빈곤함을 보지 못하고 있다고 영화는 계속 말을 건다. 지금 마음이 풍요로워야 앞으로 일어날 일에 도전하고 그 일을 풀어나갈 용기가 생긴다고 말한다. 그러면서 영화는 란초라는 인물을 통해 마치 주문처럼 반복해서 이야기한다.

"All is well."

이 말은 어차피 다 잘될 거니까 대충하면서 안일하게 미래를 기다리라는 말이 당연히 아니다. 나에게 일어나는 일들을 용기 있게 잘 마주하겠다는 선언 비슷한 말이리라. 불안을 불안으로, 두려움을 두려움으로만 놔두는 것이 아니라, 불안과 두려움을 기대와 안정감으로 바꾸고 내가 지금 해야 할 일에 몰입할 용기를 주는 말이다. 불안과 두려움에 휩싸이면 지금이 전부인 것 같은 좁은 시야를 갖게 된다. 그 시야를 더 넓혀주는 말이 "결국에는 모든 것이 뜻대로 잘될 거야."라는 말이다. 이 말을 나 자신에게 하는 것도 필요하지만 영화에서처럼 서로에게 해줘야 한다. "All is well." 그러면 우리는 모두 그 힘으로 자신의 꿈을 발견하고 발명하고 발휘해갈 것이기 때문이다.

영화에서 가장 가슴 아픈 장면은 사회가 정해놓은 정답에 희생된 한 생명이 죽음을 맞이하는 것이다. 총장은 시간 내에 과제를 제출하지 못한 한 학생의 졸업을 유예시킨다. 그러자 그 학생은 졸업을 하지 못하면 자신이 아무 존재 가치가 없고 부모님 볼 면목이 없다고 생각하고 극단적인 선택을 한다.

어느새 사회는 정해놓은 정답을 통과하는 자들만이 인정받는 시스템으로 완벽하게 세팅된 것만 같다. 그렇게 세팅된 사회에는 자신이 믿고 있는 것들이 잘못된 것임을 깨닫지 못하는 총장의 무지, 졸업을 못 하는 것보다 자식을 못 보는 것이 더 한탄스러운 부모님의 눈물, 친구에게 더 관심을 기울이고 지켜주지 못한 친구들의 후회가 함께한다. 우리가 속한 시스템이 전부가 아니고, 그것만이 옳은 것이 아니다. 시스템 안에는 사람이 있고 오류가 있다. 그 오류 섞인 판단에 나를 완전히 내맡기지 말자. 총장의 무지는 곧 깨어질 것이고, 부모님은 자식이 존재하는 것 사체가 더 소중하다는 것을 내면으로 알고 있다. 또 충분히 표현을 하지 않더라도 응원하고 공감하는 친구들이 시스템보다 더 우선한다.

생명의 죽음은 또 다른 생명의 탄생을 예고한다. 총장의 밀은 빗

속에서 공대생들의 도움을 받아 아기를 출산하게 된다. 이 아이로 말할 것 같으면 뱃속에 있을 때부터 란초의 "All is well."이라는 말에 반응하여 엄마의 배를 찬 전적이 있다. 힘든 상황에서 겨우 태어난 아이가 호흡의 상징인 울음소리를 내지 않아 모두가 조마조마해하고 있을 때 "All is well."이라는 말에 커다란 울음을 터트린다. 생명의 울음소리! '설마, 진짜 그러겠어?'라고 생각할지 모르지만 자신하건대 생명은 이 말을 알아듣는다. 우리의 삶은 결코 정해진 답대로 가야 하는 것도, 답이 아닌 길로 간다고 해서 잘못되는 것도 아니다.

1등만이 인정받는 세상, 경쟁에서 이겨야만 하는 세상이라고 절대적으로 믿고 있던 총장이 말한다.

"네가 하고 싶은 것을 모두 다 하렴."

그는 드디어 자신의 무지를 깨고 나온다.

자, 이제 "All is well."이라는 말을 정리할 때가 왔다. 이 말은 미래에는 정말 다 잘될 거라는 말을 넘어, 우리가 선택하고 걸어가는 길은 모두 잘되는 길이라는 뜻을 담고 있다. 물론 그 선택이 인간의 선한 본성(가슴 뛰는 삶, 우정, 지금 행복한 것 등)을 따라가는 선택이라면 당연히 잘되는 길이다. 그러니 세상이 정해놓은 답이 아니라 그대 마음의 소리를 듣자. 분명 그대에게 가장 잘 어울리는 삶을 발명하게 될 것이다.

흔히 발명이라고 하면 에디슨처럼 특별한 사람들만 하는 거라고 생각하기 쉽지만 지금 우리가 경험하고 만나는 모든 것은 누군가의 생각으로 시작됐다. 그러니 이 세상은 온통 발명으로 이루어진 것이다. 지금 이 책을 읽고 있는 그대와 나의 만남도 한글이라는 발명, 책이라는 발명, 활자라는 발명, 영화라는 발명에 힘입은 것이다, 이 책을 써볼까라는 생각과 읽어볼까라는 생각의 만남까지도. 작은 생각에서 큰 생각까지 한 사람에서 시작된 것들이 모여 삶을 이룬다.

어떤 발명은 한 획을 긋는다. 최근 한 예능 프로그램에 소개된, 노면 색깔 유도선을 발명한 이야기는 우리에게 울림을 준다. 도로교통법상 도로에는 노란색(중앙선), 흰색(차선), 청색(하이패스선), 적색(금지와 경고), 이 네 가지 색만 칠할 수 있다고 한다. 고속도로 등의 갈림길에서 어느 쪽으로 갈지를 색으로 알아보게 하려면 이 네 가지 색에서 추가가 되어야 하는데 그렇게 되면 법을 어기게 되는 셈이다. 수많은 과정을 거쳐 결국 도로에 색을 칠할 수 있었고, 그로 인해 사고율이 현저히 줄었다고 한다. 사고율이 줄었다는 것은 누군가를 위험에서 구해내고 더 나아가 생명을 구했다는 말이다. 이는 우리의 삶에도 적용된다. 우리에게 필요한 것은 정해져 있는 색만 칠해야 한다는 정답을 그대로 따르는 것이 아니라 그 색들을 살피고 나만의 색을 발명하는 자세다.

1899년 미국 특허청 책임자인 찰스 듀엘은 당시 대통령에게 제출한 보고서에 이렇게 썼다.

"이미 19세기가 끝났으므로 특허청을 폐지하는 것이 좋겠습니다. 이제 발명거리도 바닥이 나 20세기에는 새로운 발명을 기대하기 어렵기 때문입니다."

인간이 발명할 만한 것은 다 발명되어서 더는 발명거리가 없을 것이며 그래서 특허청이 필요 없을 것이라고 예상한 것이다. 그런데 놀랍게도, 그 이후로 지금까지 발명은 계속되고 있으며 특허청은 끊임없이 특허를 인정해주고 있다.

사람들의 인생은 무수히 다양하지만 그 어떤 인생도 나의 인생으로 가져올 수 없다. 그들은 그저 자신의 삶을 발명하면서 살았을 뿐이고, 우리는 우리의 인생을 발명하면서 살아가야 한다. 자신의 인생을 온전히 발명해 행복을 느낀 이들이 다른 사람과 인류에 공헌하기도 하고 새로운 역사를 만들기도 한다. '나'라는 사람의 삶이 하나의 발명이라면 나는 어떤 발명으로 채워나갈 것인가?

"꿈이 뭐니?"

여러분이 자주 듣는 질문이며 스스로에게도 많이 하는 질문일 것이다. 이 질문을 이제 이렇게 바꾸면 어떨까?

"나는 나의 삶을 어떻게 발명하고 있나?"

"나는 나 자신을 호기심으로 관찰하고 있나?"

"나는 내 마음이 이끄는 나만의 답을 발견하고 있나?"

장난감을 벗어던진 우디를 응원하며

〈캡틴 판타스틱〉

〈루스 베이더 긴즈버그:나는 반대한다〉

원래 이 두 편이었다. '마치는 글'로 번외편의 영화 이야기를 나누려고 계획했고 처음부터 이 둘이 낙점되어 있었다. 아니, 더 정확하게는 두 영화를 소개하기 위해 번외편을 쓰려고 했다. 그런데 이 두 영화는 글로 만날 게 아니라, 처음부터 끝까지 영화 전체를 한 사람의 눈으로 만나야 할 것 같다는 생각이 짙어지기 시작했다. 지금 이 고백을 하는 이유는 두 영화에 관해 쓰기보다는 그대의 두 눈과 마음으로 '꼭 보라고' 추천하고 싶기 때문이다.

영화 〈캡틴 판타스틱〉은 보는 내내 이상하다는 생각이 들지도 모른다. 이상하면 이상할수록 우리가 얼마나 지금 사회에 길들여져 있는지 확인하게 된다. 사회가 정해놓은 틀이 정답이고 옳다는 착각을 심하게 해버려서 이상한 것과 이상하지 않은 것을 구분하는 눈을 잃어버린 우리에게 '진짜 무엇이 이상한가?'를 세밀하고 친절하게 안내해주는 영화다.

무엇을 공부할 것인가가 아니라 어떻게 공부할 것인가를 알려주고, 외우는 것만이 공부가 아니라고 너무도 정확하게 알려줘서 당혹스러울 수도 있다. 솔직히 털어놓자면 난 그랬다. 그래서 슬프고 씁쓸했다. 내 안에 들어있는 짐작도 되지 않는 세뇌와 훈련의 무게가 갑갑하고 아프게 다가왔다. 이 영화의 장면이 일상을 한 번씩 두드린다. "그게 진짜 맞아?"라고. 그러니, 나의 말은 여기까지! 보고 나면 여러분의 느낌은 어떠했고, 여러분의 이상함은 얼마만큼이었는지 우리가 만나는 어느 날 들려주길 바란다. 꼭!

역사는 저항하는 자의 방향으로 흐른다

영화 〈루스 베이더 긴즈버그:나는 반대한다〉는 현재 미연방 대법관이었으며 보수와 진보 모두의 존경을 받았던 루스 베이더 긴즈버그(이 원고를 퇴고하는 중에 작고 소식을 들었다. 역사를 능동적으로 만들어온 한 인물을 잃었다는 것에 마음이 아프고 꼬박 하룻동안 우울했다. 당신의 존재는 감동이었습니다.)가 판결해온 사건과 법철학을 만날 수 있다. 법에서 선례는 아주 중요하다. 모든 판시는 선례의 영향을 받는다. 비슷한 이전 사건을 어떻게 판결했는지에 따라 판결의 방향과 역사가 만들어진다. 그래서 한 번도 없었던 소송과 사건을 최초로 판결한다는 것은, 이후의 역사를 만들어가는 시초가 될 것이기에 부담이 크다. 최초로 판결한다는 것은 없던 사건이 생겼다기보다는 드디어 그 문제를 제기해도 되는 시대에 접어들었다는 말이 되므로, 시대와 역사가 시작되는 것이라고 해도 지나친 말이 아니다. 루스 베이더 긴즈버그는 그런 역사를 만들어온 인물이다.

이 영화는 다큐멘터리 형식으로 되어 있는데 인생 이야기는 물론이고 역사적 사건들을 보여주면서 흥미로운 알 거리를 제공한다. 분명 예언하건대, 보기 시작하면 멈출 수 없을 것이다. 특히 역사적 사건의 당시 판결문 일부를 녹취록으로 접할 수 있는데, 판결문 내용을 가지고 토론 수업을 해보면 좋겠다는 생각을 했다.

"나는 법 공부를 한 사람이라 법이라는 도구로 세상에 일조하려고 합니다. 여러분은 여러분의 도구로 세상을 만나십시오."

영화에 나오는 루스 베이더 긴즈버그의 인터뷰는 나에게도 큰 울림을 주었다. 글과 말로, 책과 강연으로 교육에 일조하겠다는 다짐이 한 번 더 굳건해지는 영화였다. 이 영화 역시 그대들이 보고 어떤 식으로든 나누기로 하자. 그대들의 생각을 들을 수 있다면 매우 영광이겠다.

"무한한 공간 저 너머로"

〈토이 스토리〉 1편이 개봉된 해가 1995년이다. 그래서 어른이 되어 이 시리즈를 본 나와 달리 유아기나 어린이였을 때 이 영화를 봤을 여러분이 무척이나 부럽다. 어릴 적부터 이런 세계관을 접했다면 고정관념과 싸우는 데 좀 더 유리하지 않았을까 하는 생각 때문이다.

애플의 창업자 스티브 잡스의 전폭적인 지지로 만들어진 〈토이 스토리〉는 인간 혹은 (의인화된) 동물이 주인공이던 애니메이션의 영역을 크게 확장한다. 장난감이 주인공이라니. 우리는 장난감의 처지를 생각해보거나, 장난감의 생각을 들어본 적이 없다. 우리에게 장난감이 어떤 존재인지는 익숙하지만 장난감에게 우리가 어떤 존재인지는 알지 못하며 알려고 해본 적도 없다. 또한 동물을 의인화해 다양한 사람의 특성을 표현해왔는데, 다양한 장난감(그야말로 장난감의 영역은 무한하다. 상상력으로 태어난 것들이니)을 의인화해서 표현할 경우 그 범위는 차원이 달라진다.

처음 이 영화를 접했을 때 든 생각은 '기발하다'였다. 그다음은 '재미있다'였고, 마지막 〈토이 스토리 4〉에서는 '충격적이다'였다. 장난감이 장난감을 벗어던지는 결말이라니…. 장난감의 사명마저 벗어던진 자유를 우디를 통해 보게 될 줄이야. 왜냐하면, 영화의 주인공 우디는 1편부터 꾸준하고 충실하게 자신의 주인 앤디에게 돌아가려고 온갖 모험과 위험을 무릅쓰는 모습을 보여왔기 때문이다.

"앤디가 크는 걸 막을 순 없겠지. 그러나 함께할 동안은 행복할 테니까."

"장난감의 가장 소중한 사명은 끝까지 아이 곁을 지켜주는 거야."

영화를 본 사람이라면, 우디의 주인 바라기에 큰 감동을 받았을 것이다. 한 존재가 한 존재에게 저렇게 온전한 애정을 쏟을 수 있을까? 자신의 역할과 사명에 저렇게 확고할 수 있을까? 그런데 이런 우디가, 오직 주인에 대한 충성만을 외치던 우디가 스스로 주인을 잃어버리는 결말이라니. 주인이 있어야 성립할 수 있었던 존재성을 벗어나 누구에게 소속되거나 부여되는 것 없이 '그냥 우디'가 된다. 앤디의 장난감 우디도 아니고 보니의 장난감 우디도 아니고 그냥 우디 말이다.

렉스 : "이제 우디도 잃어버린 장난감이야?"

버즈 : "아니. 자기 자신을 찾은 거지."

우디는 왜 더 이상 누군가의 장난감으로 살기를 거부한 걸까? 늘 주인에게 버림받을까 봐, 새로운 장난감 때문에 밀려날까 봐, 주인이 자신을 잃어버릴까 봐, 주인이 자랄까 봐 조바심을 내면서 사는 게 지겨워진 걸까? 우디가 앤디(첫 번째 주인)에게 그리고 보니(두 번째 주인)에게 있는 한, 우디의 세계는 앤디의 세계와 보니의 세계로 한정된다. 장난감 친구들도 주인의 장난감이기 때문에 친구가 된 것이고, 주인이 데려가야 새로운 세상을 보고, 주인이 놀아줘야 놀 수 있는 수동적 위치에 있다. 그것이 가장 큰 행복이고 장난감의 숙명이라고 누구보다 굳건하게 믿던 우디는 자신의 일생이 그것만이 아니라는 걸 눈치 채버렸나 보다. 아이들이 놀아줘야 장난감으로서 의미가 있는 삶에서 벗어나, 세상을 떠돌다가 아이들과 놀고 싶으면 아이들이 자주 모이는 장소에 찾아가 놀고, 주인의 집이 아니라 세상 전체를 터전으로 삼는 삶을 살아가기로 한다. 누군가가 부여한 안전한 울타리가 아니라 울타리가 해제된 세상 전부가 자신의 삶이라고 선언하며 〈토이 스토리〉 시리즈는 마무리된다.

본 아이덴티티. 정체성의 한계는 없다

장난감의 일생에서 가장 두려운 일은 새로운 장난감의 등장으로 자신이 관심 밖으로 밀려나고 쓸모없게 되는 거다. 〈토이 스토리〉 1편은 버즈라는 우주적 차원의 장난감 등장으로 앤디의 사랑을 빼앗길 거라고 생각한 우디가 버즈를 없앨 궁리를 하고, 우여곡절을 통해 둘이 협력해서 다시 앤디에게 돌아가는 이야기로 꾸며진다. 우디와 버즈가 경쟁 관계에서 우정의 관계로 전환되는 이야기가 주를 이룬다. 여기에서 여전히 주인인 앤디의 존재감은 크다. 우디와 버즈가 우정을 쌓을 수 있는 것은 오직 주인 앤디라는 공통의 목적지 때문이니까.

2편부터 수직에서 수평의 차원으로 세계관은 확장된다. 주인의 사랑을 독차지하고 싶어 하는 장난감의 시선에서 주인의 성장을 받아들이고 주어진 자리에 있는 것만으로도 행복하다고 현실을 직시하는 시선으로 바뀐다. 3편에서 그토록 어렵던 앤디와의 이별을 받아들이고 새로운 주인 보니에게 인계되면서 우디와 친구들은 한층 더 성장한다. 그러면서 권력을 잡고 우위에 서려 하는 인간 사회의 모습이 반영된 장난감 세상에서 이를 비판하는 세계관을 갖게 될 만큼 발전한다. '권력은 빼앗는 것이 아니라 국민에 의해 부여받는 것'이라는 대사가 바로 이런 차원을 반영하는 것이라고 할 수 있다.

4편에서는 주인에 의해 삶이 달라지는 장난감에서 주인의 삶을 돕는 장난감의 모습으로 진화한다. 유치원을 낯설어하는 보니를 위해 몰래 유치원에 동행하고, 만들기 시간에 포키의 탄생을 돕는 우디의 모습, 포키에게 애착하는 보니를 위해 자신의 정체성인 쓰레기통을 향해 내달리는 포키를 보니에게 끊임없이 데려다 놓는 우디의 모습, 그리고 한 번도 주인을 가져본 적이 없는 장난감 개비를 위해 자신을 가장 자신답게 만드는 소리장치를 넘기는 우디까지. 조금씩 장난감이라는 태생적 정체성에서 벗어나는 우디의 모습을 그리다. 그리고 마침내 누군가의 장난감이 아니기를 선언하면서 우디는 독립된 존재가 된다. 주인이 잃어버리면 비참한 장난감이 되지만, 장난감이 주인을 떠나면 자기 자신을 찾은 장난감이 된다. 우디는 정말 무한한 우주 저 너머로 비상한다.

버림받을까 봐 두려운 장난감들, 주인을 가져본 적이 없어서 오직 주인을 기다리는 장난감들, 자신을 잃어버린 주인에게 배신감을 느끼는 장난감들. 누군가 인정해주지 않으면 아무런 존재도 아닌 것이 장난감의 운명이다. 장난감은 애초에 그런 이유로 탄생하였다. 누군가에게 귀속되어야만 존재가치가 있는 운명 말이다. 우디 역시 그것을 가장 두려워했고, 그래서 기를 쓰고 주인에게 돌아가기 위해 노력했다. 우리는 1편, 2편, 3편을 통해 우디의 여정을 목격했고 응원해왔다. 우디는 4편에서 자신이, 그리고 우리가 열망했던 그것은 진짜가 아니었다고 선언한다. 자신은 누군가에게 종속되어 누군가 인정하고 봐줘야 가치가 생기는 그런 존재가 아니라고 말이다. 우디는 그렇게 넓은 세상 안으로 들어갔다. 우디를 배웅한 우리는 남은 질문을 이어가야 한다.

청소년기는 자신의 정체성을 확립하는 시기라는 말이 있다. 정체성을 확립하는 일은 어딘가에 귀속되거나 누군가에게 인정받거나 인기를 얻는 것 그리고 타인의 시선과 평가로 이루어지는 것이 아니다. 그대에게, 청소년 시기는 '미래를 위해 공부하고 준비하는 시기'라는, 이 사회가 청소년에게 부여한 '정체성'을 넘어서서 더 나아갈 준비가 되었는지 묻고 싶다.

독립된 생각을 하고, 어려운 이를 돕고, 인권과 젠더 감수성과 환경 문제를 고민하는 것은 청소년이 아닌 어른들의 영역이라고, 우리는 아직 뭘 모르니 배워야 하는 시기라고 생각한다면 이 얘기를 처음부터 다시 시작해야 한다. 그대들이 그대들의 세상을 만들어가고 있음을, 무관심과 관심, 미뤄두기와 실천하기 사이에 우리의 삶은 여전히 흐르고 있음을 기억하기를 바라는 마음을 간절히 전하며 이 책을 마무리하고자 한다.

장난감의 정체성마저도 벗어던진 장난감처럼, 나는 어떤 사람이다, 라는 세상과 내가 부여한 정체성에서 벗어난 자유. 무한한 우주 저 너머로 시선을 넓혀가길….

'나는 어떻게 이 세상을 살아갈 것인가?'라는 질문은 '나는 어떻게 내 세상을 만들어갈 것인가?'라는 질문으로 이어져야 완성된다는 걸 전하며 이제 나는 그대들을 직접 만나러 출발하겠다. 우리 만나면 서로의 무한한 정체성을 목격하며 응원하기로 약속하자.

청소년을 위한 영화 인문학

내 인생의 주인공으로 산다는 것

ⓒ원은정, 2020

1판 1쇄 발행 2020년 10월 12일
1판 5쇄 발행 2023년 11월 13일

지은이 원은정
펴낸이 전광철
펴낸곳 협동조합 착한책가게
주소 서울시 마포구 독막로 28길 10, 109동 상가 B101-957호
등록 제2015-000038호(2015년 1월 30일)
전화 02) 322-3238
팩스 02) 6499-8485
이메일 bonaliber@gmail.com
ISBN 979-11-90400-08-4 (43100)

• 책값은 뒤표지에 있습니다.

• 잘못된 책은 구입하신 서점에서 바꾸어 드립니다.

이 도서의 국립중앙도서관 출판예정도서목록(CIP)은 서지정보유통지원시스템 홈페이지(http://seoji.nl.go.kr)와 국가자료공동목록시스템(http://www.nl.go.kr/kolisnet)에서 이용하실 수 있습니다.
(CIP제어번호: CIP2020040477)

표지용지 아르떼 내추럴화이트 210g | 본문용지 그린라이트 80g